AF145975

Bodo Rollka · Friederike Schultz

Kommunikationsinstrument Menschenbild

Bodo Rollka · Friederike Schultz

Kommunikations-instrument Menschenbild

Zur Verwendung von Menschenbildern
in gesellschaftlichen Diskursen

VS VERLAG

Bibliografische Information der Deutschen Nationalbibliothek
Die Deutsche Nationalbibliothek verzeichnet diese Publikation in der
Deutschen Nationalbibliografie; detaillierte bibliografische Daten sind im Internet über
<http://dnb.d-nb.de> abrufbar.

1. Auflage 2011

Lektorat: Barbara Emig-Roller / Eva Brechtel-Wahl

VS Verlag für Sozialwissenschaften ist eine Marke von Springer Fachmedien.
Springer Fachmedien ist Teil der Fachverlagsgruppe Springer Science+Business Media.
www.vs-verlag.de

Umschlaggestaltung: KünkelLopka Medienentwicklung, Heidelberg
Gedruckt auf säurefreiem und chlorfrei gebleichtem Papier
Printed in Germany

ISBN 978-3-531-17297-2

Inhaltsverzeichnis

Menschenbild – Kommunikation – Gesellschaft.
Zur Schlüsselrolle von Menschenbildern in gesellschaftlicher, organisationaler und interpersonaler Kommunikation

Bodo Rollka und Friederike Schultz

1   Zum gegenwärtigen Stand der Forschung

Der Beobachtung von Menschenbildern sowie ihrer Analyse kommt in den Sozialwissenschaften zunehmend eine Schlüsselrolle zu. Derartige Vorstellungen darüber, wie der Mensch ist, sind zumeist unhinterfragter und normativer Ausgangspunkt individueller, organisationaler und gesellschaftlicher sowie wissenschaftlicher Wirklichkeitskonstruktionen, der gesellschaftliches Handeln leitet und zugleich auch legitim erscheinen lässt. Sie sind durchwirkt von normativen Vorstellungen darüber, welchen Werten der Mensch zu folgen hat, und unterliegen wie diese einem allgemeinen Wandel. Obwohl Menschenbilder somit einen Kristallisationspunkt gesellschaftlicher Vorstellungen und Veränderungen darstellen, wurden sie als Analyseinstrument in der Kommunikationswissenschaft bisher nur ansatzweise genutzt. Eine methodologische Selbstreflektion ist dementsprechend noch ein wenig beachtetes Randphänomen.

Zur Bedeutung und Funktion von Menschenbildern sind in den Sozialwissenschaften in den letzten Jahren einige Überblickswerke entstanden. Ausgangspunkt ist die Bestandsaufnahme von Menschenbildern in Wissenschaft, Bildung, Kunst, Wirtschaft und Politik am Ende des 20. Jahrhunderts durch den Soziologen Rolf Oerter (1999). Die Konstruktivisten Achim Barsch und Peter M. Hejl (2000) konzentrieren sich wenig später auf die mit der im 19. Jahrhundert im Zuge der Ausdifferenzierung der modernen Wissenschaftsdisziplinen erfolgten „Pluralisierung der Vorstellung von der menschlichen Natur" und forderten die Wende von statischen zu prozessualen Menschenbildern (vgl. Baecker et al. 1998). Die Rolle von Menschenbildern ist dabei seit längerem ein zentrales Thema der Wirtschaftsethik und der Organisationssoziologie, welche insbesondere eng mit der Managementforschung verknüpft ist. Hier liegt eine

Reihe von Publikationen vor, die Überblick über verwendete Menschenbilder geben und aus Kritik an diesen meist um die Einführung neuer bemüht sind (Schein 1970; Ouchi 1981; Bievert & Held 1991; Matthiesen 1995). In der Kommunikationswissenschaft selbst liegen nur wenige Studien zur Bedeutung und dem Wandel von Menschenbildern in der persuasiven Kommunikation vor.

Auf der theoretischen Ebene herrscht Übereinstimmung darüber, dass Menschenbilder soziale Konstruktionen sind. Sie sind keineswegs direkte „Abbilder" der Wirklichkeit, sondern heuristischen Zielen verpflichtet und fungieren somit als Modelle zur Reduktion von Komplexität. Darüber hinaus dienen Menschenbilder jedoch auch zur Legitimation normativer Neu- und Sollbestimmungen des Menschen, insbesondere im Kontext der in den Handlungswissenschaften verbreiteten Wirkungskonstruktionen, die auf Vorstellungen von der Wirkmächtigkeit gesellschaftlicher Kommunikation verweisen. Die Kommunikationswissenschaft hat sich diesem Thema bisher nur sehr randständig gewidmet. Diese Forschungsdefizite resultieren vor allem aus einem grundlegenden Mangel an wissenschaftshistorischen und - soziologischen Auseinandersetzungen mit den Theorien, Modellen und Konzepten der gesellschaftlichen Kommunikation. Zudem fehlen wiederum Modelle, die normative Vorstellungen in Auseinandersetzung mit empirisch beobachtbaren Phänomenen überwinden.

In diesem Band werden daher die Konstruktion, Nutzung und Legitimation von Menschenbildern als kommunikative Probleme analysiert. Die Kommunikationswissenschaften müssen (im breiten Spektrum von der empirischen Wirkungsforschung bis zur Analyse symbolischer Interaktionen) gegenwärtig als Schlüsselwissenschaften begriffen werden. In bewusster Distanzierung zu nivellierenden Aussagen wie „Alles ist Kommunikation" steht nunmehr die Analyse ihrer handlungsleitenden Funktionen im Mittelpunkt. Der Band leistet damit einen Beitrag für die Analyse von Menschenbildern als normative Grundlage und Zielvorstellung gesellschaftlicher Kommunikation und damit gleichzeitig als Handlungsanweisung und Legitimation menschlichen Handelns.

Die Überlegungen des vorliegenden Buches setzen hier bei den grundlegenden theoretischen Arbeiten der Konstruktivisten Peter M. Hejl und Achim Barsch (Hejl & Barsch 2000) sowie jenen der Bochumer Arbeitsgruppe für Konstruktivismus an (Baecker et al. 1998). Obwohl die Arbeiten theoretisch überzeugen, lassen sie sich aus heutiger Sicht als praktisch gescheitert beurteilen: Das von Baecker et al. entwickelte Bild der „Personen-Person" – einst als Ikone der Postmoderne eingeführt – schien für die Nachfolger der Bochumer angesichts der eklatanten Widersprüche zwischen Modelldenken und Wirklichkeit bald kein für die Beobachtung der Praxis tragfähiges Modell mehr darzustellen (Bochumer Arbeitsgruppe 2003). Nicht nur ging der Glaube an diesen Menschen verloren. Überhaupt fand der Paradigmenwechsel, den der Radikale Konstruktivismus einst einzuleiten versprach, nicht statt. Vielmehr erleben derzeit normative Vorstellungen vom Menschen wieder Konjunktur, in der Wissenschaft als meist nicht explizierte Grundlage kleinteiliger und anwendungsorientierter Arbeiten, in der Praxis gesellschaftlicher Kommunikation als Forderungen nach einem „neuen Menschen(bild)", etwa im Strafrecht (auf der Grundlage neurobiologischer Determiniertheit), im Arbeits- und Sozialrecht (Wiederentdeckung des trägen Massenmenschen und der Leistungselite), in der politischen Kommunikation und der Organisationskommunikation (Rückkehr von Allmachtsphantasien).

2 Zur Systematik des Buches

Vor diesem Hintergrund gibt der Band einen umfassenden Blick auf Menschenbilder, wie sie in den gesellschaftlichen Bereichen Wirtschaft, Politik, Wissenschaft und insbesondere wissenschaftlicher Theoriebildung vertreten werden und somit Kommunikatoren im Rahmen gesellschaftlicher, d.h. auch organisationaler und interpersonaler Kommunikation als Handlungsgrundlage und Wunschvorstellung dienen. Er liefert dabei eine umfassende Perspektive, da er die Verwendung von Menschenbildern auf der Makroebene (gesellschaftliche Prozesse), der Mesoebene (Organisationskommunikation) und der Mikroebene (interpersonale Kommunikationen) analysiert. In einer historischen Perspektive wird die Bedeutung von Menschenbildern als Grundlage gesellschaftlicher Kommunikation untersucht und zudem hinterfragt, in wie weit es sich bei aktuellen Artikulationen von Menschenbildern um eine wissenschaftliche Weiterentwicklung des letzten Jahrzehnts oder eher um einen Rückfall hinter die Erkenntnisse des konstruktivistischen Theoriegebäudes handelt. Neben dem Blick auf Geschichte und Gegenwart von Modellen des Menschen bietet sich zudem die Möglichkeit, an frühere Erkenntnisse des Konstruktivismus anzuknüpfen und darüber hinausgehende Versuche in Auseinandersetzung mit der beobachtbaren Wirklichkeit zu wagen. Anknüpfungspunkte und Grundlage für die weitere Forschung und Modellbildung stellen dabei unter anderem Handlungstheorien, Semiotik und Symboltheorie dar.

Der Artikel von Bodo Rollka analysiert das Verhältnis von Menschenbildern und Kommunikationswissenschaften synchron und diachron, um die Interaktionen zwischen den jeweils dominierenden Menschenbildern und ihrem jeweiligen Niederschlag in Kommunikationsmodellen und –theorien nachzuweisen. Das Untersuchungsfeld reicht dabei von der Analyse von Menschenbildern in einer symbolischen Welt und deren Funktionalisierung als Basis von Gesellschaftsmodellen und -verfassungen über die großen Gesellschaftsutopien und deren Negierung bis zur Frage nach damit gegebenen kommunikativen Konfliktlösungen. Die Studie legt Intentionen und Ziele bei der Nutzung von Menschenbildern in den Kommunikationswissenschaften (als postmodernen Schlüsselwissenschaften bzw. Leitdisziplinen) offen und zeigt die damit verbundenen Simulationen von Vernunft als Grundlage von Handlungsanweisungen auf. Nachdruck liegt vor allem auf dem immer nachweisbaren dialektischen Täter/Opfer-Bezug, der in allen Theorien persuasiver Kommunikation zur Gleichzeitigkeit von Allmachtsphantasien und Ohnmachtsgefühlen bei Kommunikatoren und Rezipienten geführt hat.

Basierend auf einer allgemeinen Betrachtung von Menschenbildern als metatheoretischen Wertsystemen und Grundlagen von Gesellschaftsbildern, Erziehungs- und Ethikkonzepten sowie der Erarbeitung eines symbolisch-interaktionistischen Menschenbildes als epistemologischem Ausgangspunkt analysiert Friederike Schultz in ihrem Beitrag die Funktionen und Implikationen von Protagonisten organisationaler Narrationen. Menschenbilder sollen in der Organisationskommunikation (Werbung, Public Relations, Organisationskultur) vor allem als Leitbilder und Führungsinstrumente zur Gestaltung gesellschaftlicher, interner und externer Wirklichkeiten zum Einsatz kommen. Angesichts des grundlegenden Wandels zum normativen Menschenbild, welches im Rahmen der aktuellen Moralisierung öffentlicher, unternehmerischer und politischer Kommunikationen (u. a. Corporate Social Responsibility) am deutlichsten in der Wirtschaftskommunikation zu beobachten ist, wird insbesondere auf normative Menschenbilder, die damit verbundenen symbolischen Praxen und Formen der Emotionalisierung, Moralisierung und Totalisierung von Wirklichkeitskonstruktionen sowie deren Konsequenzen im organisationalen und gesellschaftlichen Kontext eingegangen.

Menschenbilder als Grundlage und Zielvorstellung gesellschaftlicher Kommunikation

Bodo Rollka

1 Menschenbilder in einer symbolischen Welt

Vorstellungen, die Menschen sich von anderen Menschen machen, sind elementare Bausteine individueller und gesellschaftlicher Wirklichkeitserfassung. Sie dienen gleichzeitig als Ausgangspunkt aller folgenden Wirklichkeitskonstruktionen. Mit ihrer Hilfe definieren Menschen sich selbst, ihre Mitmenschen, ihre sozialen Beziehungen und ihre Gesellschaftssysteme. Jedes menschliche kommunikative Handeln setzt eine distinktive Vorstellung vom Menschen voraus. Das gilt sowohl für Versuche, anderen etwas mitzuteilen oder sie von etwas zu überzeugen, als auch für Versuche, andere nach einem vorgegebenen Bilde zu formen und ihr Handeln im erwünschten Sinne zu beeinflussen. Das gilt aber auch für die Akzeptanz und die Deutung solcher vorgegebenen Bilderfolgen, die in den verschiedensten Verhaltensanweisungen und Kulturprogrammen codifiziert sind.

Bilder vom Menschen, wie er ist, wie er sein sollte, was man von ihm erwarten kann, was ihm zuzutrauen und zuzumuten ist, bestimmen so alle Formen interpersonaler und medial vermittelter gesellschaftlicher symbolischer Kommunikation, von der Politik über die Religion bis zur Kunst. Vorstellungen vom Menschen und seinem "Funktionieren" begründen auf einer weiteren Ebene als kollektives Wissen die Fundamente komplexer Systeme, Institutionen und Gesellschaften sowie die ihnen zugrunde liegenden Modelle, Theorien und Legitimationen. Sie prägen in gleichem Maße alle Wissenschaften, die Kommunikation reflektieren und analysieren, dabei aber immer auch Anleitungen für „richtiges", also effizientes kommunikatives Handeln geben wollen. Dazu zählen neben den Theorien persuasiver Kommunikation, von den Propagandatheorien über die Marketingkommunikation, auch die traditionellen individuellen und kollektiven Erziehungs- und Bildungskampagnen in den Kulturwissenschaften.

Menschenbilder werden gelernt, tradiert und verändert. Als statische Setzungen und prozessuale Konstruktionen sind sie integrale Teile der umgebenden Kulturen, die sie gleichzeitig konservieren und verändern. Sie wurden von der Kultur geformt, die sie wiederum formen. Menschenbilder sind so immer gleichzeitig Ausgangspunkt und Ziel menschlicher Bemühungen, wenn schon nicht die Wirklichkeit, so doch zumindest mögliche und vorstellbare Wirklichkeiten zu erfassen und ihnen Sinn zuzuweisen. Menschenbilder sind unlösbar mit Werten verknüpft, wobei die zentralen Begriffe Menschenrecht und Menschenwürde seit dem Beginn liberalen Denkens im Zentrum aller gesellschaftstheoretischen und ethischen Diskurse stehen. Und doch zeigen gerade hier mitunter schmerzhaft irritierende Diskussionen, welche Konsequenzen unterschiedliche Auffassungen vom Menschen bewirken können.

In den Kommunikationswissenschaften fanden Menschenbilder bisher eher am Rande Beachtung, obwohl allen Einschätzungen von Medienwirkung immer eine feste Vorstellung vom Verhalten der Rezipienten beim Empfang einer Medienbotschaft zugrunde liegt. Zwar werden Menschenbilder in der neueren Forschung zunehmend als Indikatoren für die Ergebnisse kulturellen Wandels betrachtet, sie gelten aber weitgehend als feste, berechenbare und statische Größen. Das Interesse konzentriert sich dabei, wie Zielgruppen-, Milieu- und Typologiebildungen belegen, vor allem auf die Nutzbarmachung empirisch nachweisbarer menschlicher Eigenschaften im Kontext der Wirkungsforschung. Der notwendige weitere Schritt, nämlich die Analyse von Menschenbildern als Grundlage menschlicher Wirklichkeitskonstruktionen, deren Festschreibung in Theorien und Modellen sowie deren folgende Nutzung als Instrumente und Legitimationsinstanzen kommunikativen Handelns, ist bisher nur ansatzweise versucht worden.

Dabei stützen sich gerade die Kommunikationswissenschaften bei der Theoriefindung wie bei den folgenden Anleitungen zum Handeln letztlich nur auf Wirklichkeitskonstruktionen, die empirisch erfasst und in Daten umgewandelt als „Wirklichkeit" ausgegeben werden. Kommunikationswissenschaften arbeiten, wie alle Sozial- und Kulturwissenschaften, mit mehr oder weniger willkürlich (aber immer intentional) konstruierten Menschenbildern. Die Mehrheit kommunikationswissenschaftlicher, vor allem empirisch orientierter Theoretiker geht bei ihren Untersuchungen noch immer - mehr oder weniger explizit - von einem festen Menschenbild aus, dessen Abweichungen (von der als invariabel begriffenen „anthropologischen Norm") es zu erfassen gilt, um geplante Wirkungen kommunikativen Handelns optimieren zu können. Ralf Dahrendorf kri-

tisierte bereits in den fünfziger Jahren den homo oeconomicus als eine in den Wirtschaftswissenschaften umstrittene Konstruktion und nannte es eine „unbeabsichtigte und ärgerliche Konsequenz" der Wissenschaft, Menschenbilder zu kreieren, um „uns sonst dunkle Ausschnitte der Welt verständlich zu machen."[1]
So bedeutend und so unterschiedlich die jeweiligen weltanschaulichen, religiösen oder in der Sozialisation erworbenen individuellen Vorstellungen vom Menschen und seinem Funktionieren auch sein mögen, die folgenden Überlegungen sollen sie nicht an individuellen Beispielen thematisieren, obwohl die bisherigen Ansätze, vor allem in der Kommunikatorenforschung, aber auch in der Wissenschaftstheorie, die Konsequenzen solcher Bindungen deutlich zeigen.

1.1 Konstruktionen und Konstrukte

Heute werden Menschenbilder in den Sozialwissenschaften weitgehend übereinstimmend als „Konstruktionen oder Konstrukte" begriffen, „die von Laien und Wissenschaftlern als Teil ihres Weltbildes implizit oder explizit entworfen werden, um eine Gesamtorientierung des Urteilens und Handelns zu ermöglichen."[2] Sie existieren nicht unabhängig vom Menschen, sondern werden je nach Bedarfslage, Zielsetzung und weltanschaulicher Orientierung konstruiert. Dabei hat „jede sozialwissenschaftliche Theorie [...] explizit oder implizit ein Verständnis davon, was Menschen sind und was für eine Rolle sie für das spielen, was Thema dieser Theorie ist. Dieses Konzept eignet sich folglich gut dazu, unterschiedliche Theorien miteinander zu vergleichen."[3] Betrachtet man Menschenbilder allerdings als „unverrückbar, ewig gültig und absolut wie etwa Naturgesetze, dann kann es keine Diskussion zwischen unterschiedlichen Ansichten zum Menschen geben, und eine gemeinsame Verständigung unterschiedlicher gesellschaftlicher Gruppen bzw. individueller Positionen ist nicht möglich."[4]

---

[1] Dahrendorf, Ralf: Homo Sociologicus. Ein Versuch zur Geschichte, Bedeutung und Kritik der Kategorie der sozialen Rolle, 7. Aufl., Köln und Opladen: Westdeutscher Verlag 1968, S. 15 und 21.

[2] Oerter, Rolf: Einleitung: Menschenbilder als sinnstiftende Konstruktionen und als geheime Agenten, in: Ders. (Hrsg.), Menschenbilder in der modernen Gesellschaft. Konzeptionen des Menschen in Wissenschaft, Bildung, Kunst, Wirtschaft und Politik, Stuttgart: Ferdinand Enke Verlag 1999, S. 1 f.

[3] Krotz, Friedrich: Gesellschaftliches Subjekt und kommunikative Identität. Zum Menschenbild der Cultural Studies, in: Andreas Hepp und Rainer Winter (Hrsg.), Kultur - Medien - Macht. Cultural Studies und Medienanalyse, Opladen: Westdeutscher Verlag, 1997, S. 120.

[4] Oerter, Rolf: Einleitung: Menschenbilder, a.a.O., S. 1 f.

Dieses Dilemma gewinnt in den Kommunikationswissenschaften eine zusätzliche Dimension, denn Menschenbilder liefern hier neben Interpretationen der „Wirklichkeit" gleichzeitig Grundlagen für Modelle und Theorien, um die „vorgefundene" Wirklichkeit im Interesse des Auftraggebers oder einer vorgeblich höheren Idee zu beeinflussen und ihre Wahrnehmung zu steuern. Die Veränderungen von Menschenbildern werden so zu Kriterien für die Messung kommunikativer Wirkungen, deren Analyse Forschung und Ausbildung in den Kommunikationswissenschaften in kaum noch zu rechtfertigendem Maße bestimmt. Das heißt aber auch, dass die wissenschaftliche Diskussion Gefahr läuft, ihre eigene Intention hinter empirisch gewonnenen Datenbergen aus dem Auge zu verlieren und sich positivistischen Versuchungen mit ihrem Wahrheitsanspruch zu ergeben.

Anders gesagt, zu fragen ist, ob das Bild, das ein Mensch sich vom anderen macht, stärker sein kann als das reale Gegenüber. Zu fragen wäre weiter, ob es beide beeinflusst, ob das Ego und das Alter, der Mensch und sein Gegenüber, so werden müssen, wie ein jeweils vorgegebenes Bild es zu verlangen scheint. Können dabei erwünschte Bilder vom Menschen – die erwünschten Formen individuellen und gesellschaftlichen Handelns entsprechen – von Menschen mehr oder weniger gewaltsam in vielfacher Form über die Wirklichkeit gestülpt werden, um durch den allseits geteilten Glauben an die Übermacht des Bildes bzw. der Vorstellungen vom Menschen andere und sich selbst zu verändern und die oktroyierte Bilderwelt als wirkliche Wirklichkeit erscheinen zu lassen.

Die folgenden Analysen gehen der zentrale Frage nach, inwieweit Menschenbilder als Grundlage und Ausgangspunkt aller gesellschaftlichen Kommunikation gleichzeitig die Zielvorstellung kommunikationswissenschaftlicher Reflexion und kommunikativen Handelns darstellen und damit Analyseergebnisse zumindest partiell vorwegnehmen, wodurch sie den Charakter von „selffulfilling-prophecies" annehmen können. Als Voraussetzung für die Auseinandersetzung sollen einige zusammenfassende Hinweise auf die Bedeutung von Menschenbildern als unerlässlichen Hilfen für das Leben in einer symbolischen Welt und als Basis von Gesellschaftsmodellen und -verfassungen dienen.

1.2   *Mythen, Legenden und Symbole*

In allen Gesprächen über Medien, ihre Nutzer und ihre vermeintlichen Wirkungen dominieren noch immer Mythen und Legenden, Vorstellungen, Bilder und Konstruktionen. Auch wenn der Mensch, wie nicht nur Journalisten wissen, das einzige ist, was den Menschen wirklich interessiert[5], stellen sich Vorstellungen von Komunikatoren, Rezipienten oder Menschen als Objekten der Kommunikation zwischen ihn und die „Wirklichkeit". Schon zu Beginn der 70er Jahre forderte der Berliner Publizistikprofessor Harry Pross in seiner „Politischen Symbolik" in Einklang mit der damals einsetzenden kognitiven Wende eine Neuorientierung in der Kommunikationsforschung, denn: „Das Studium der politischen Kommunikation muß davon ausgehen, daß die soziale Wirklichkeit nicht nur aus Dingen und Personen und deren Beziehungen zueinander besteht, sondern in noch nicht zu überschauendem Maß von Vorstellungen beherrscht wird, für deren An- oder Aberkennung nach wie vor Hekatomben von Menschen veranstaltet werden."[6]

Das führte Pross zu der für das Selbstverständnis der damals durch die kognitive Wende geprägten Wissenschaft entscheidenden weiteren Frage, ob Kommunikation als Mittel der Politik begriffen werden dürfe oder ob sie nicht eigentlich schon selbst Politik sei. Er stellte sich damit ausdrücklich in die Tradition des Wissenssoziologen Karl Mannheim (Standortgebundenheit des Denkens) und des Philosophen Ernst Cassirer (Philosophie der symbolischen Formen), deren Ansätze er für die Kommunikations- respektive Publizistikwissenschaft erschließen wollte. Cassirer hatte, im kurzen Resümé seines Lebenswerkes, dem 1944 erschienenen „Essay on Man" die Verfaßtheit des Menschen in einer Welt beschrieben, die nur noch über Symbole erfahren werden kann, denn:

„Der Mensch kann der Wirklichkeit nicht mehr unmittelbar gegenübertreten; er kann sie nicht mehr als direktes Gegenüber betrachten. Die physische Realität scheint in dem Maße zurückzutreten, wie die Symboltätigkeit des Menschen an Raum gewinnt. Statt mit den Dingen hat es der Mensch nun gleichsam ständig mit sich selbst zu tun. So sehr hat er sich mit sprachlichen Formen, künstlerischen Bildern, mythischen Symbolen oder religiösen Riten umgeben, daß er nichts sehen oder erkennen kann, ohne daß sich dieses artifizielle Medium zwischen ihn und die Wirklichkeit schöbe. Dabei ist in der theoretischen Sphäre die Situation für ihn die gleiche wie in der praktischen. Auch hier lebt er nicht in einer Welt harter Tatsachen und verfolgt nicht unmittelbar seine Bedürfnisse oder Wünsche, sondern vielmehr inmitten imaginärer Emotionen in

---

[5] Vgl. Brawand, Leo: Die Spiegel-Story. Wie alles anfing, Düsseldorf, Wien und New York: Econ 1987, S. 131-132.
[6] Pross, Harry: Politische Symbolik – Theorie und Praxis der öffentlichen Kommunikation, Stuttgart u.a. 1974, S. 48.

Hoffnungen und Ängsten, in Täuschungen und Enttäuschungen, in seinen Phantasien und Träumen. »Nicht die Dinge verstören und beunruhigen den Menschen«, sagt Epiktet, »sondern seine Meinungen und Vorstellungen von den Dingen.«"[7]

Cassirer folgert daraus - und das ist inzwischen Allgemeingut - dass der Mensch nicht allein in einer natürlichen, sondern (und wahrscheinlich überwiegend) in einer durch Symbole selbstgeschaffenen kultürlichen Umwelt lebt, in einer Welt von Vorstellungen und Bedeutungen. Einfacher gesagt: Er lebt in einer symbolischen Welt. Vorstellungen sind für ihn wichtiger und realer als die Dinge und Erscheinungen, wobei sich ja immer Paul Watzlawicks Frage stellt, „Wie wirklich ist die Wirklichkeit?" Wie Cassirer argumentierte zu Beginn der 60er Jahre Arnold Gehlen, als er den Menschen mit Bezug auf Herder als organisches „Mängelwesen" bezeichnete, das „in jeder natürlichen Umwelt lebensunfähig" wäre, und sich deshalb überall „eine zweite Natur, eine künstlich bearbeitete und passend gemachte Ersatzwelt" schaffen musste. „Er lebt sozusagen in einer künstlich entgifteten, handlich gemachten und von ihm ins Lebensdienliche veränderten Natur, die eben die Kultursphäre ist. Man kann auch sagen, daß er biologisch zur Naturbeherrschung gezwungen ist."[8]

Einen entsprechenden Ausgangspunkt nutzte Cassirer, um „die klassische Definition des Menschen korrigieren und erweitern" zu können. Er schloss Sprache und Mythos ausdrücklich in seine Argumentationen ein, denn „den Anstrengungen des modernen Irrationalismus zum Trotz hat die Definition des Menschen als eines animal rationale ihre Kraft nicht verloren." Rationalität wiederum ist, wie Cassirer weiter folgert, allem menschlichen Handeln eigen. Selbst die Mythologie ist mehr als eine „krude Anhäufung abergläubischer Ideen oder abstruser Wahnvorstellungen; sie ist nicht chaotisch, denn sie besitzt eine systematische oder begriffliche Form." Trotzdem ist es unmöglich, „die Struktur des Mythos als rational zu bezeichnen". Es ist ebenfalls unmöglich, die Sprache mit der Vernunft gleichzusetzen „oder in ihr geradezu die Quelle der Vernunft" zu sehen. Doch diese Definition erfasst nur einen Ausschnitt. „Denn neben der begrifflichen Sprache gibt es eine emotionale Sprache, neben der logischen oder wissenschaftlichen Sprache gibt es eine Spra-

---

[7] Cassirer, Ernst: Versuch über den Menschen. Einführung in die Philosophie der Kultur, Philosophische Bibliothek, Bd 488, Hamburg: Felix Meiner Verlag 2007, S. 50.
[8] Gehlen, Arnold: Anthropologische Forschung, Bd. 138, Reinbek bei Hamburg: Rowohlt Taschenbuch Verlag 1961, S. 46 ff.

che der poetischen Phantasie. Zuallererst drückt die Sprache nicht Gedanken oder Ideen aus, sondern Gefühle und Affekte."[9] Zusammenfassend verweist Cassirer auf die Intentionalität der „großen Denker, die den Menschen als animal rationale beschrieben haben". Sie waren keine Empiristen und wollten auch keine empirische Darstellung von der Natur des Menschen geben.

„In ihrer Definition brachten sie vielmehr einen fundamentalen moralischen Imperativ zum Ausdruck. Der Begriff der Vernunft ist höchst ungeeignet, die Formen der Kultur in ihrer Fülle und Mannigfaltigkeit zu erfassen. Alle diese Formen sind symbolische Formen. Deshalb sollten wir den Menschen nicht als animal rationale, sondern als animal symbolicum definieren. Auf diese Weise können wir seine spezifische Differenz bezeichnen und lernen wir begreifen, welcher neue Weg sich ihm öffnet - der Weg der Zivilisation."[10]

1.3 Gesellschaftsmodelle und -verfassungen

Wenn der Mensch als *animal symbolicum* zu begreifen ist und alle Diskurse über Medien und ihre vermeintlichen Wirkungen auf Vorstellungen, Mythen und vorgeformten Bildern gründen, sollte diesen entscheidende Bedeutung für das Menschenbild zukommen, das sich professionelle Kommunikatoren von ihrem Publikum, Kommunikationswissenschaftler von ihren Forschungsobjekten oder Medienpädagogen von ihren Zöglingen machen. Doch bei der praktischen Umsetzung scheitern solche Differenzierungen oft. In vielen Analysen oder Evaluationen mutieren Annahmen schnell zu scheinbar „gesichertem" Wissen und Modelle erheben den Anspruch, direkte Abbilder der Wirklichkeit zu liefern. Die daraus folgenden Konstruktionen, vom Unterstellen „typischer" Rezeptionsformen bis zu vielfältigen Wirkungshypothesen, bestimmen alle weiteren Schritte in Kommunikationsplanung und -gestaltung ebenso wie in Kommunikationsanalyse und -kritik bis hin zur Forderung nach politischem Eingreifen, wie bisher jeder Amoklauf gezeigt hat.

Solches Kausalitätsdenken verleitet weiter zu der Annahme, in konstruierten Wirklichkeiten würden Kommunikationsteilnehmer durch Vorstellungen und Bilder zwangsläufig in eine vorbestimmte Richtung gelenkt und zur Akzep-

---

[9] Cassirer, Ernst: Versuch über den Menschen, a.a.O., S. 50 f.
[10] Ebd., a.a.O., S. 51.

tanz von Klischees, Stereotypen und Vorurteilen gezwungen. Die ihnen dabei
vorher zugewiesenen definierten Rollen und Funktionen werden, wiederum in
Modellen zusammengefasst, zur Evaluation und letztlich Legitimation von
Kommunikationsfolgen herangezogen. Hier beginnen die Massen- und Manipu-
lationstheorien, denen die Träume von Freiheit, Gerechtigkeit und Gleichheit
gegenüberstehen.

1.3.1 Die Antinomie gut/böse als Basis des abendländischen Menschenbildes

Der Gegensatz zwischen gut und böse, zwischen schwarz und weiß, Teufel und
Engel – zwischen dem homo animalis und dem animal rationale – bestimmt alle
Facetten abendländischen Denkens. Auch die darauf aufbauenden Gesell-
schafts- und Staatstheorien folgen im Konzept wie in der Ausführung den
grundlegenden Prinzipien von Polarität, Antinomie und Hierarchie, von oben
und unten. Mit Hilfe antinomischer Vorstellungen und Bilder vom Menschen
können Grenzen aufgerichtet oder niedergerissen, Privilegien eingefordert,
Rechte zugesprochen oder verweigert werden. Das führt zwangsläufig zu einer
Polarisierung und damit auch zu einer Moralisierung von Kommunikation, denn
„Moral kann alles beurteilen."

Moralisierende (oder moralisierte) Kommunikation ist übrigens für Niklas Luhmann die einzig denkbare Form von manipulativer Kommunikation, da
sie mit jeder Frage gleichzeitig die „richtige" Antwort liefert, um das idealiter
durch Entscheidungsregeln strukturierte öffentliche Gespräch den Meinungsre-
geln zu unterwerfen.[11] Sie wird zum effizienten Lenkungsinstrument, denn sie
nutzt die doppelte Unfreiheit des Menschen. Der binäre Code moralischer
Kommunikation beansprucht, wie auch die entsprechenden Codes der Wissenschaft (wahr/unwahr) oder des Rechtssystems (Recht/Unrecht) universelle Re-
levanz. Da die Unterscheidungen sich immer auf gut und böse, richtig und
falsch usw. konzentrieren, scheint zwischen ihnen keine Vermittlung mehr
möglich, und nach Luhmann wird „Achtung und Mißachtung [...] typisch nur
unter besonderen Bedingungen zuerkannt. Moral ist die jeweils gebrauchsfähige
Gesamtheit solcher Bedingungen. Sie wird keineswegs laufend eingesetzt, sondern hat etwas leicht Pathologisches an sich. Nur wenn es brenzlich wird, hat

---

[11] Vgl. Luhmann, Niklas: Öffentliche Meinung, in: Wolfgang R. Langenbucher (Hrsg.), Politik und
Kommunikation. Über die öffentliche Meinungsbildung, München u.a.: Piper 1979.

man Anlaß, die Bedingungen anzudeuten oder gar explizit zu nennen, unter denen man andere bzw. sich selber achtet oder nicht achtet."[12]

Benutzt wird der binäre Code ebenso „selbstverständlich" zur Beurteilung wie zur Verurteilung von Menschen. Medien geben den äußeren Rahmen vor, denn was wir wissen, wissen wir aus den Medien. „Das gilt nicht nur für unsere Kenntnis der Gesellschaft und der Geschichte, sondern auch für unsere Kenntnis der Natur."[13] Bei der Erarbeitung der akzeptierten Bedeutungen in den folgenden Sekundärkommunikationen werden die Gesetze des binären Codes wirksam, nicht nur in emotionaler sondern auch in kognitiver Weise, wie etwa die Vertreter des Symbolischen Interaktionismus (George Herbert Mead, Herbert Blumer), und des dynamisch-transaktionalen Modells (Früh, Schönbach) ebenso belegen wie Stuart Halls Encoding/Decoding-Modell aus den Cultural Studies, das dem Rezipienten auf dem semiotischen Schlachtfeld die Wahl zwischen unterschiedlichen Rezeptionscodes gewährt (hegemonialer, verhandelnder und oppositioneller Code).[14]

1.3.2 Homo homini lupus

Die Vorstellung vom Menschen als einem wilden Tier, das gezähmt werden muss und auch gezähmt werden kann, faszinierte das Denken von der Antike bis in die Gegenwart. Es diente sowohl als Grundlage unterschiedlichster pädagogischer Konzepte als auch zur Legitimation von Kolonialismus und Unterdrückung sowie zur Teilung der Gesellschaft in Herren und Knechte, vor allem rechtfertigte es den Kampf um die Macht und ihren Erhalt als zentrale Aufgabe des Staates. So verband etwa Niccolò Machiavelli 1513 in seinem Buch „Der Fürst"[15] beide Ideenstränge und forderte, in Umkehr des pädagogisch-moralischen Duktus der „Fürstenspiegel", die Erhaltung und das Funktionieren des Staates in den Vordergrund zu stellen. Für den Fürsten heißt das vor allem, die Macht zu behalten.

---

[12] Luhmann, Niklas: Paradigm lost: Über die ethische Reflexion der Moral. Rede anläßlich der Verleihung des Hegel-Preises 1989, Frankfurt am Main: Paradigma Verlag - Suhrkamp 2001, S. 18.

[13] Luhmann, Niklas: Die Realität der Massenmedien, 2. erw. Aufl., Opladen: Westdeutscher Verlag 1996, S. 9 f.

[14] Vgl. Hall, Stuart: Kodieren / Dekodieren, in: Roger Bromley (Hrsg.): Cultural Studies. Grundlagentexte zur Einführung, Lüneburg: Zu Klampen 1999.

[15] Machiavelli, Niccolò: Der Fürst, 1513, das Buch wurde erst 1532 nach seinem Tod gedruckt.

„[Da, B.R.] die Menschen nur zwei Richtlinien ihres Handelns kennen, nämlich eigenes Wollen und Autorität, muss der Fürst mit seiner ganzen Autorität verhindern, dass der Staat auseinander fällt. Hierfür stehen ihm alle Mittel zu Gebote: physische Gewalt, List, Verstellung, auch Güte und Milde und bei Bedarf die Religion. Nur zwei Kräfte - »Virtus« (= Fähigkeit) und »Fortuna« (= Zufall) - sollen das Machtkalkül des Fürsten bestimmen: Der Fürst hat mit seinen Fähigkeiten so vorzusorgen, dass ihm der Zufall entweder nichts anhaben oder er ihn zu seinen Gunsten einsetzen kann."[16]

Thomas Hobbes oft zitierter Satz vom „Menschen als des Menschen Wolf" – homo homini lupus[17] – soll für den modernen Menschen ebenso wir für seine Vorgänger gelten und steht in einer langen kontroversen Tradition. Hobbes bezog sich einerseits zustimmend auf den römischen Komödiendichter Plautus,[18] wandte sich andererseits aber auch gegen das antike Sprichwort „Der Mensch ist dem Menschen ein Gott", womit gemeint war, „dass sich in der gegenseitige Hilfe Göttliches ereignet".

In seiner Staats- und Gesellschaftstheorie „De cive" 1642 („Vom Bürger") bezeichnete Hobbes den „Kampf aller gegen alle" – bellum omnium contra omnes – als notwendige Folge des natürlichen menschlichen Machtstrebens. Das sei der „Naturzustand", den erst ein Gesellschaftsvertrag (auf naturrechtlichen Vorstellungen) durch die Einschränkungen verändern könne, um die Grundlagen für soziales und friedliches Zusammenleben zu ermöglichen. Noch Ende des 18. Jahrhunderts hatte Immanuel Kant den Menschen als homo animalis mit den Worten beschrieben: „Der Mensch ist ein Thier, das, wenn es unter andern seiner Gattung lebt, einen Herrn nöthig hat. Denn er mißbraucht gewiß seine Freiheit in Ansehung anderer Seinesgleichen; und ob er gleich als vernünftiges Geschöpf ein Gesetz wünscht, welches der Freiheit Aller Schranken setze: so verleitet ihn doch seine selbstsüchtige thierische Neigung, wo er darf, sich selbst auszunehmen."[19]

---

[16] Blum, Paul Richard: Online-Lexikon 2004, Bibliographisches Institut & F. A. Brockhaus AG.

[17] Thomas Hobbes im 3. Teil seiner Gesellschaftstheorie „De cive", 1642; deutsch „Vom Bürger" im „Leviathan" wieder aufgenommen.

[18] Plautus (ca. 250 v.Chr. – ca. 184 v.Chr.). Der Originaltext lautet: Lupus est homo homini, non homo, quom qualis sit, non novit, übersetzt: Der Mensch ist dem Menschen ein Wolf, kein Mensch, wenn er nicht weiß, welcher Art [sein Gegenüber] ist.

[19] Kant´s gesammelte Schriften, hrsg. von der königl. Preuß. Akademie der Wissenschaften, Bd. VIII: Abhandlungen nach 1781, Berlin, Druck und Verlag von Georg Reimer, 1912 - (Kant, Idee

Das Bild vom Menschen als zu zähmendem Tier lebt in der Gegenwart ebenso weiter wie die Vorstellung vom Menschen als des Menschen Wolf. In totalitären Systemen ebenso wie in den modernen „Erziehungsdiktaturen", in denen immer mehr „tierische Neigungen" entdeckt und sanktioniert werden und (zumindest milde Formen) der Propaganda als unerlässliche Mittel des Regierens akzeptabel sind. Schon die wiederbelebte Begrifflichkeit von Massen und Eliten, Mündigen und Unmündigen belegt diese Entwicklung. Im Namen der Gemeinschaft wandten sich bereits die frühen Utopien gegen die Anfänge der gesellschaftlichen Differenzierung, deren negative Folgen sie tiefschwarz malten. Die Ironie dabei liegt oft darin, dass Sozialromantiker virtuelle Gebilde nostalgisch als „Natur" definieren und ihre Wiederherstellung einfordern, wodurch Utopien zur Akklamation einer zeitlosen Imagination verkümmern können.

1.3.3 Utopien und Glücksversprechen

Utopien wollen und sollen zwar in erster Linie die Welt verändern, ihre Verfasser setzten aber immer beim Menschen an. Er soll sich ändern, ein anderer, ein besserer Mensch werden. Sein Bild bestimmt die alte wie die neue Welt. Im Mittelpunkt aller Utopien steht das Glück. Gesucht werden die Wege, es zu erreichen. Das Glück, seine Erreichbarkeit und seine Versprechungen üben zeitlose Faszination aus.

Selbst in den „schwarzen Utopien" dominiert das Glück, wenn auch als Negation, als verlorenes Gut, das um jeden Preis wiedergefunden wenn nicht endgültig zurückerobert werden soll. So sind Utopie und Glück untrennbar verbunden und Utopiker werden zu Glückssuchern. Das führt aber direkt zu der ebenso quälenden Frage, was denn Glück eigentlich sei. Kaum jemand kann diese Frage ad hoc beantworten, weder die alten Gurus noch die neue Zunft der Happyologen. Was Unglück ist, meinen wir schon sehr viel genauer zu wissen. Paul Watzlawick hat in seinem Bestseller „Anleitung zum Unglücklichsein" in diesem Zusammenhang einen berühmten, oft plagiierten Aphorismus von George Bernhard Shaw angeführt: „Im Leben gibt es zwei Tragödien. Die eine ist die Nichterfüllung eines Herzenswunsches. Die andere ist seine Erfüllung."[20] So lässt sich das Paradox der Glückssuche in den Utopien prägnant zusammen-

---

zu einer allgemeinen Geschichte in weltbürgerlicher Absicht, Sechster Satz, S. 15-31, 1784, hier S. 23, Hervorhebung im Original).

[20] Watzlawick, Paul: Anleitung zum Unglücklichsein, München: dtv 1993 (Original: Piper 1983), S. 63.

fassen. Denn das Glück des neuen Menschen resultiert in ihnen ja nicht aus Geburt oder Herkunft, Erfolg oder Überhebung. Es wird nur in der Harmonie von Individuum, Gemeinschaft und Gesellschaft erfassbar. Das impliziert einen radikalen Bruch mit überkommenen Menschenbildern. Utopie meint eigentlich – so belehren die Handbücher – „Niemandsland". Das sagt wenig. Mehr sagte schon Oscar Wilde, als er 1891 aus dem Gefängnis zu Reading in seinem „ästhetischen Manifest" schrieb: „Eine Weltkarte, in der das Land Utopia nicht verzeichnet ist, verdient keinen Blick, denn sie läßt die Küste aus, wo die Menschheit ewig landen wird. Und wenn sie da angelangt ist, hält sie Umschau nach einem besseren Land und richtet ihre Segel dahin. Der Fortschritt ist die Verwirklichung von Utopien."[21]

Utopien bewahren den ewigen Wunsche nach besseren Lebensumständen für die Menschheit, also für alle; sie sind transitorisch, denn jede Utopie ist ein Prozess. Wenn ihr Ziel erreicht ist, gilt der Blick schon der nächsten Utopie, der nächsten Küste. Utopien beschwören den Begriff Fortschritt, wobei dieser Begriff selbst wiederum weder eindeutig ist noch sich teleologisch fassen lässt. So konnte das konkrete Modell, das Oscar Wilde zur Verwirklichung seiner Utopie anbot, als er Fortschritt konsequent als Sozialismus begriff, kaum überzeugen. Das hat zu langdauernden Diskussionen geführt und letztlich beide diskreditiert – die Utopie und den Sozialismus.[22]

Wenn Utopiker und ihre Utopien gegenwärtig auch einen schlechten Ruf haben, gelten sie doch als „Schwärmer und Spinner" und ihre Ideen als „unausführbar", als Pläne ohne reale, feste Grundlage", so ist das in ihnen zentrale Ideal einer Verbesserung des Menschen heute aktueller als je zuvor. Auch wenn das Ziel sich verändert hat, denn den Menschen vor sich selbst zu schützen ist gleichzeitig Vorwand und Legitimation unterschiedlichster Gruppen, von den Gesundheitsökonomen über die Umweltschützer bis zu den Parteien geworden, um das nicht zu leugnende utopische Potential als Wegleitung in die jeweils angestrebte bessere Welt zu nutzen und einen dazu passenden neuen Menschen zu schaffen. Als seien die Träume vom Glück nicht mehr als angemessene Kon-

---

[21] Wilde, Oscar: Der Sozialismus und die Seele des Menschen. Aus dem Zuchthaus zu Reading. Ästhetisches Manifest, 1891 zit. nach: Saage, Richard: Politische Utopien der Neuzeit, Darmstadt: Wissenschaftliche Buchgesellschaft 1991, S. 47.

[22] Vgl. Saage, Richard: Politische Utopien der Neuzeit, a.a.O., S. 1. Saage sieht hier den Ausgangspunkt anhaltender Konflikte, die gerade heute die Diskussion prägen. Er stellt fest: "Oscar Wildes positives Bekenntnis (zu Utopia) war schon zum Zeitpunkt der Veröffentlichung seines Essays ... nicht unumstritten: es kann im Ausgang des 20. Jahrhunderts noch weniger auf uneingeschränkte Zustimmung hoffen."

struktionen des jeweils Wünschenswerten im selbstentworfenen Modell eines befriedigenden Zusammenlebens, das Utopien traditionell zu bieten scheinen.

1.3.4 Ikarier und Sonnenstaatler

Die klassischen Utopien wandten sich gegen die These vom Kampf aller gegen alle als Naturzustand des Menschen und versuchten, neue Bilder vom Menschen zu schaffen, denen der Mensch sich angleichen sollte. Die Geschichte der Ikarien und Sonnenstaaten in den modernen Utopien der frühen Neuzeit spiegelte den Kampf gegen diese Antinomien ebenso wie den Versuch, sie im Namen der Gerechtigkeit aufzuheben und neue Formen des Zusammenlebens zu antizipieren. Ihre Verfasser entwarfen Staatstheorien, die auf den Prinzipien vollkommener Gleichheit Gerechtigkeit herbeiführen sollten, wobei die Freiheit des einzelnen – das wölfische Element – zurückgedrängt und durch Gemeinschaftsdenken ersetzt werden sollte. Zentraler Gedanke dabei war der seit der Antike thematisierte Gegensatz der Konzepte von Gemeinschaft und Gesellschaft. „Wie Platon in seiner >Politeia<", resümierte Richard Saage 1991 in seiner Analyse der „Politischen Utopien der Neuzeit", „so geht es auch den frühneuzeitlichen Utopisten um die Darstellung der Gerechtigkeit, die gleichsam im dialektischen Gegenzug zu dem kritisierten Zustand extremer Ungerechtigkeit ihr antiindividualistisches Profil gewinnt."[23]

Die früheneuzeitlichen Utopien bauten auf den erwünschten, erhofften und antizipierten Bildern vom Menschen neue Gemeinwesen auf. Da der Individualismus der Renaissance als gefährliche Abweichung galt, wurde er als Keim der Zerstörung des Gemeinwesens stigmatisiert. Dabei führt das Bild bis zur Auflösung der Grenzen des Individuums und seinem Aufgehen in einem kollektiven, gemeinschaftlichen Körper. „So glauben die Sonnenstaatler in Campanellas Utopie „Glieder eines Körpers und der eine ein Teil des anderen zu sein". Der „Sonnenstaat" wiederum funktioniert grundsätzlich nach der Maxime, „daß zuerst für das Leben der Gesamtheit, dann für das der Teile gesorgt werden muß", und zwar in einer Weise, dass „man den Behörden unbedingt (zu) gehorchen" hat: Dieser Imperativ ist für die Sonnenstaatler verbindlich von der Wiege bis zur Bahre. Spontaneität und Abweichungen sind verpönt. Gleichförmigkeit und detaillierte Muster prägen den Tagesablauf der Bewohner der utopischen Gemeinwesen. Selbst die Kleider sind nicht selten einheitlich. So tragen

---

[23] Saage, Richard: Politische Utopien, a.a.O., S. 25.

die Thomas Morus Utopier bei „der Arbeit einen einfachen Anzug aus Leder oder Fellen, der bis zu sieben Jahren hält. Wenn sie ausgehen, ziehen sie ein Obergewand darüber, das jene gröbere Kleidung verdeckt; seine Farbe ist auf der ganzen Insel dieselbe, und zwar die Naturfarbe".

Wie in der Utopia des Morus, so prägt die Auslöschung des Individuellen auch das Äußere der Sonnenstaatler und der Christianopolitaner. Bei Campanella haben fast alle Männer und Frauen dieselbe Kleidung, „die auch für den Kriegsdienst geeignet ist, wenn auch die Frauen das Gewand bis unter die Knie, die Männer aber nur bis an die Knie tragen". Und Andreae sieht gleichfalls für die Christianopolltaner lediglich zwei Arten der Kleidung vor, „alle sind nach einem Muster entworfen, unterscheiden sich aber nach Geschlecht und Alter des Trägers. Das Material ist Leinen und Wolle".[24]

1.3.5   Wettbewerb und agonales Spiel

Kulturanthropologen haben den Menschen hingegen überwiegend als animal ambitiosum bezeichnet, als ein Wesen, dessen Handeln von wenigen dominierenden Bedürfnissen bzw. Antrieben im sozialen Bereich bestimmt wird. Der Mensch will sich von anderen unterscheiden und strebt nach einer unverwechselbaren Identität, gleichzeitig will er sich über andere erheben und verhindern, dass andere sich über ihn stellen. Dementsprechend zeigen Pierre Bourdieus Studien über die „feinen Unterschiede"[25], Nachfolgestudien über die „feinen Leute"[26] sowie Lebensstilforschungen in Sozial- und Marketingwissenschaften, welche Strategien und Instrumente hier benutzt werden. Der Bogen beginnt dabei bei den Ritualen der Vornehmheit und gezielten provozierenden Tabubrüchen, die in allen sozialen Schichten als Mittel zur Distinktion benutzt werden. „Sie lenken soziales Verhalten und zeigen, wie sehr Expression und Aufmachung zur Stilbildung auf der Lebensbühne beitragen."[27] Kultur, Rituale, Zere-

---

[24] Ebd., S. 25 f.. Quellen: Thomas Morus, Utopia, in: Der utopische Staat. Übersetzt und hrsg. v. Klaus J. Heinisch, Reinbek bei Hamburg: Rowohlt 1960, S. 7110, hier S. 52. Tommaso Campanella, Sonnenstaat, in: Der utopische Staat. Übersetzt und hrsg. v. Klaus J. Heinisch, Reinbek bei Hamburg: Rowohlt 1960, S. 112169, hier S. 117. Johann Valentin Andreae: Christianopolis. Aus dem Lateinischen übersetzt, kommentiert und mit einem Nachwort hrsg. v. Wolfgang Biesterfeld, Stuttgart: Reclam 1975, S. 20. (Original: 1619).

[25] Vgl. Bourdieu, Pierre: Die feinen Unterschiede. Kritik der gesellschaftlichen Urteilskraft, Frankfurt am Main: Suhrkamp 1987 (franz. Original 1979).

[26] Vgl. Girtler, Roland: Die feinen Leute, Linz und Frankfurt am Main: Campus Verlag 1989.

[27] Vgl. Luger, Kurt: Das Lebensstilkonzept in der Kommunikationsforschung, in: Medien Journal, Jg. 4., 1992, S. 194-198, hier S. 194.

monien und Institutionen (Arnold Gehlen) sind die Kräfte, die hier Grenzen setzen und soziales Leben erst ermöglichen. Das andere Ende dieses Spannungsbogens markieren das Spiel und der Wettbewerb. Der niederländische Kulturphilosoph und Historiker Johan Huizinga, der 1938 mit seinem „Homo ludens"[28] einen Grundbaustein der neueren Spiele-Forschung gelegt hat, bezeichnete gerade das agonale Spiel als Grundlage und Ausgangspunkt aller Kultur und homo ludens, den spielenden Menschen, als den Prototyp des zivilisierten und soziablen Menschen. Das Spiel bildet damit den Grundbaustein aller Kultur – sowohl ihrer Manifestationen als auch der Diskurse, die über Kultur geführt werden. Johan Huizinga will das Spiel nicht als Folge der Kultur erklären, denn: „Kultur in ihren ursprünglichen Phasen wird gespielt. Sie entspringt nicht aus Spiel, wie eine lebende Frucht sich von ihrem Mutterleibe löst, sie entfaltet sich in Spiel und als Spiel."[29]

Übrigens hat Friedrich Schiller als Vertreter der Klassik schon 150 Jahre vor Huizinga entsprechende Positionen vertreten, als er bei seiner Definition des Menschen im 1795 erschienenen 14. Brief „Über die ästhetische Erziehung des Menschen" Mensch und Spiel als eine untrennbare Einheit betrachtete, denn „Im Spiel entfaltet sich die Freiheit des Menschen", und „Um es auf einmal herauszusagen, der Mensch spielt nur, wo er in voller Bedeutung des Wortes Mensch ist, und er ist nur da ganz Mensch, wo er spielt."[30] Dabei wird auch, wie der 26. Brief zeigt, der kulturstiftende Charakter hervorgehoben: „Und was ist das für ein Phänomen, durch welches sich bei dem Wilden der Eintritt in die Menschheit verkündet? So weit wir auch die Geschichte befragen, es ist dasselbe bei allen Völkerstämmen, welche der Sklaverei des tierischen Standes entsprungen sind: die Freude am Schein, die Neigung zum Putz und zum Spiel."[31]

Es steht außer Frage, dass der Wunsch, andere zu übertreffen und besser zu sein, sowohl am eigenen Besitz und Status als auch an dem der anderen orientiert ist. Gerade kulturelles Kapital vermittelt gesellschaftlichen Status, denn wir messen auch unser Glück relativ zum Glück unseres Nachbarn. „Wir Menschen", kommentierte Bas Kast ironisch den Protest, der dem Ausflug des Gewerkschaftsführers Bsirske in die erste Klasse des Unternehmens folgte, das er

---

[28] Huizinga, Johan: Homo Ludens. Vom Ursprung der Kultur im Spiel, Reinbek bei Hamburg: Rowohlt 1987 (zuerst 1938).

[29] Huizinga, Johan: Homo Ludens, a.a.O., S. 189.

[30] Schiller, Friedrich: Über die ästhetische Erziehung des Menschen in einer Reihe von Briefen, 14. Brief, hrsg. von Klaus L. Berghahn, Stuttgart: Reclam 2000.

[31] Schiller, Friedrich: Über die ästhetische Erziehung des Menschen, 26. Brief, 1795. Zit. nach Das Spiel, Bd. 2 Theorien des Spiels, hrsg. von Hans Scheuerl (Reihe Pädagogik), 11. überarb. und ergänzte Neuausg., Weinheim und Basel: Beltz Verlag 1991, S. 39.

bestreikte, „sind vergleichende Tiere. Daher unsere Liebe zum Privileg. Das Privileg nämlich ist per definitionem ein Vorrecht, wie etwa das Vorrecht, umsonst in der ersten Klasse in den Urlaub zu fliegen, während zu Hause gestreikt wird."[32]

2   Menschenbilder in den Kommunikationswissenschaften

2.1   Kommunikatoren, Rezipienten und Konsumenten

Kommunikatoren, Kommunikationsmakler, Rezipienten und Konsumenten – also Menschen, die in unterschiedlichen Funktionen am medial vermittelten Prozess öffentlicher gesellschaftlicher Kommunikation teilnehmen – wurden in der älteren Zeitungkundes resp. Zeitungswissenschaft vorwiegend in dem extremen Gegensatz zwischen der großen, charismatischen Journalistenpersönlichkeit und den gesichtslosen, gläubigen, verführbaren Massen von passiven Lesern und Zuschauern erfasst. Monographien über „große" Publizisten und Verleger sowie die Geschichte „bedeutender" Zeitungen dominierten Forschung und Lehre.

    Emil Dovifat hat 1956 in seinem Aufsatz über „Die publizistische Persönlichkeit"[33] nolens volens einen Nachruf auf diese Tradition wissenschaftlicher Auseinandersetzung geliefert, bevor zu Beginn der 60er Jahre unter dem Einfluss amerikanischer Massenkommunikationsforschung empirische Methoden in den Vordergrund rückten.[34] Aus den Geisteswissenschaften wurden Sozialwissenschaften, was erregte Diskussionen auslöste[35], und die Blickrichtung veränderte. David Riesmans außengeleiteter Mensch[36] bestimmte als neuer Phänotyp diese Übergangsphase. Er orientierte sich sowohl an dem „durchschnittlichen" Verhalten anderer, als auch an Vorbildern, die die Massenmedien

---

[32] Kast, Bas: Gier ist ganz gewöhnlich. Der Fall Bsirske bestätigt, was Forscher wissen: Der Mensch ist gefangen im Verlangen, in: Der Tagesspiegel, Nr. 19 (2008).

[33] Vgl. Dofivat, Emil: Die publizistische Persönlichkeit. Charakter, Begabung, Schicksal, in: International Communication Gazette, 2. Jg., Nr. 3, 1956, S. 157-172.

[34] Vgl. Maletzke, Gerhard: Psychologie der Massenkommunikation. Theorie und Systematik, Hamburg: Verlag Hans-Bredow-Institut 1963.

[35] Vgl. Ders.: Publizistikwissenschaft zwischen Geistes- und Sozialwissenschaften, Berlin: Volker Spiess Verlag 1967.

[36] Vgl. Riesman, David, Nathan Glazer und Reuel Denney: The lonely crowd: a study of the changing American character, New Havenm Conn.: Yale University Press 1950 (deutsche Ausgabe: Die einsame Masse, Reinbek: Rowohlt 1958).

verbreiten. Er passte sich an und neigte zu Konformität und Opportunismus, richtete sich nach der Mode und strebte nach sozialer Anerkennung. Diesen Menschen hatten Paul Lazarsfeld u.a. bereits 1944 in den Mittelpunkt ihrer Theorie vom Two-Step-Flow of Communication[37] gestellt. Einstellungsänderungen als Voraussetzung von Meinungsänderungen erfolgten in privaten Zirkeln als Interaktion zwischen Meinungsführern und Meinungssuchern, Aktivisten und Verweigerern. Die Medien gaben letztlich, wie die Agenda-Setting-Theorie belegte, nur die Themen vor, die vom Publikum akzeptiert oder ignoriert werden konnten.[38] Kritiker nannten Lazarsfeld Ansatz „die Wiederentdeckung der Leute". Hier wurden die Stimulus-Response-Theorien endgültig widerlegt.

Obwohl den Peer-Groups vor den Medien bei der Sozialisation zentrale Bedeutung zukommen sollte, reüssierte in den 70er und 80er Jahren The Great Communicator auf den Spuren von Dovifats „publizistischer Persönlichkeit", der an den medialen Inszenierungen von Politik wuchs. Die Abkehr von der Theorie der starken Medien wurde in den Kommunikationswissenschaften immer wieder zurückgenommen. Hingewiesen sei nur auf Elisabeth Noelle-Neumanns Theorie der Schweigespirale, der zufolge Menschen nicht nur über die soziale Haut als ein „quasi-statistisches Wahrnehmungsorgan" für das umgebende Meinungsklima verfügen, sondern die Wahrnehmung, welche Meinungen vorherrschend sind (oder in Zukunft sein werden), maßgeblich durch die in den Massenmedien vertretenen Meinungen und Argumente bestimmt sein soll.[39] Entsprechende Rezipientenbilder (bei den Rezipienten) stellt die Theorie vom Third-Person-Effect vor, die im Binnenverhältnis der Rezipienten zusätzlich die Überzeugung nachweist, der jeweils andere nutze verschiedene, oder andere Medien häufiger als er selbst, wobei besonders so genannte Eliten; Poli-

---

[37] Lazarsfeld, Paul F., Bernard Berelson und Hazel Gaudet: The People's Choice. How the voter makes up his mind in a presidential campaign, New York: Duell, Sloan and Pearce 1944 (deutsche Ausg. Wahlen und Wähler. Soziologie des Wahlverhaltend, Neuwied u.a.: Luchterhand 1969).

[38] Vgl. McCombs, Maxwell und Donald L. Shaw, The Agenda-Setting Function of Mass Media, in: Public Opinions Quarterly, Jg. 36., 1972, S. 176-187; Vgl. Luhmann, Niklas: Öffentliche Meinung (1970), in: Wolfgang R. Langenbucher (Hrsg.), Politik und Kommunikation. Über die öffentliche Meinungsbildung, München u.a.: Piper 1979.

[39] Vgl. Noelle-Neumann, Elisabeth: Die Schweigespirale. Öffentliche Meinung – unsere soziale Haut, München: Langen-Müller 1980, S. 14 ff.; vgl. Donsbach, Wolfgang und Robert L. Stevenson: Herausforderungen, Probleme und empirische Evidenzen der Theorie der Schweigespirale. in: Publizistik, Jg. 31., 1986, S. 7-34.

tiker, Medienforscher oder Werbeleute die „Anderen" oftmals als wesentlich anfälliger als sich selbst für die Wirkungen der Medien beschreiben.[40] Werbeforscher hingegen konzentrierten sich von Beginn an auf die Wirkungen kommunikativen Handelns. Voraussetzung waren starke Medienwirkungen, die als Geschäftsgrundlage nachgewiesen werden sollten. Victor Mataja forderte z.b. schon 1910 in seinem Handbuch „Reklame" eine Analyse der Adressaten werblicher Aussagen und dementsprechend einen näheren Blick auf die junge amerikanische Werbepsychologie und die Ansätze zu experimentellen empirischen Wirkungskontrollen.[41] Der Rezipient wurde einerseits zum umworbenen Konsumenten und als solcher durchaus ernst genommen, denn den unterschiedlichen Betrachtungen zu Medienwirkung liegt jeweils eine Vorstellung vom Rezipienten als Empfänger einer Medienbotschaft zugrunde. Andererseits drängten die frühen Werbewissenschaften von Beginn an nachdrücklich auf Aufnahme in den Kanon der etablierten Kulturwissenchaften und nutzten, gerade wegen ihrer wirtschaftlich orientierten Ziele, zur Steigerung der Akzeptanz ihrer Arbeit in den öffentlichen Diskursen über die Marketingkommunikation vorwiegend Rezipienten- und Kommunikatorenbilder, die denen der Zeitungs- resp. Publizistikwissenschaft entsprachen, um eigene kommunikative Leistungen zu rechtfertigen. Sie gingen ebenfalls ganz selbstverständlich vom Gegensatz zwischen dem charismatischen Einzelnen und den lenkbaren Massen aus, verbrämten diese Trennung allerdings durch eine Fülle von pädagogischen Aktionen. Bezeichnenderweise wurden der Künstler als Persönlichkeit und die Kreativität als Handlungsform favorisiert, was letztlich auch zur Rehabilitierung wirtschaftlich orientierter Werbung dienen sollte. Im Gegensatz zu den allgemeinen Kommunikationswissenschaften hielten Werbewissenchaftler an wesentlichen Elementen der Stimulus-Response-Theorien fest, die sie insbesondere auf Möglichkeiten der Konditionierung untersuchten. All diese Modelle, die auf dem Dualismus von aktiven Individuum und passiven Massen aufbauten, rückten auch in den Mittelpunkt der Wirtschafts- und Politikwissenschaft. Rezipientenforschung blieb somit lange im Hintergrund, während einzelne ausgewählte Medien und Kommunikatoren erhebliche Beachtung fanden.

Die älteren Ansätze in den Kommunikations- wie in den Werbewissenschaften einte trotz aller Differenzierungen die übergreifende Überzeugung, der

---

[40] Vgl. Brosius, Hans-Bernd und Dirk Engel: The Causes of Third-Person Effects: Unrealistic optimism, impersonal impact, or generalized negative attitude towards media influence?, in: International Journal of Public Opinion Research, Jg. 8., Nr. 2, S. 142-162.

[41] Mataja, Viktor: Die Reklame. Eine Untersuchung über Ankündigungswesen und Werbetätigkeit im Geschäftsleben, Leipzig: Duncker & Humblot 1910.

Rezipient sei als Massenmensch form- und lenkbar. Die Buchmarktforschung (als Marketing für Verlagsprodukte) hat hier beim Versuch, Brücken zwischen den Bereichen Bildung und Markt zu schlagen, frühe Traditionen geschaffen und beeindruckende Beispiele geliefert. Leselisten für Frauen und Ungebildete wurden vielfach in den Blättern der Aufklärung publiziert, Bestsellerlisten als verkaufanregende Verkauflisten schon zu Beginn des 20. Jahrhunderts veröffentlicht. Die Aktivitäten des 1825 in Frankfurt am Main gegründeten Börsenvereins des Deutschen Buchhandels unterstrichen den Bruch zwischen der Anspruchsliteratur und der mehr oder weniger verachteten – wenn auch intensiv genutzten – Unterhaltungsliteratur. Die zeitgenössischen Bewertungen zeigen, dass unter Kommunikatoren bis heute Denunziationen des ungebildeten und geschmacklosen Lesers als Rechtfertigung des eigenen Handelns Legion sind.[42] Lieschen Müller fügte als Synonym für Dummheit, Geschmacklosigkeit und Kitsch der Verachtung noch die sexistische Komponente zu. Unfreiwillig zeigte die Buchmarktforschung aber auch ihre eigene Anfälligkeit für solche Stereotypen, und noch die späteren ideologischen Ausgrenzungen des Publikums als manipulierter Masse mit falschem Bewusstsein zeugt von einer verächtlichen Sicht auf das breitere Publikum.

Als Vertreter der Kritischen Theorie konterte Theodor W. Adorno im Jahre 1963 in einer Sammlung von Stellungnahmen gegen das neue Fernsehen[43] die selbstgestellte rhetorische Frage Kann das Publikum wollen? eher beiläufig mit der Gegenfrage, ob das Publikum überhaupt wollen solle oder dürfe (will es doch das Falsche ...). Dabei konzentrierte er sich im Wesentlichen auf zwei apodiktische Behauptungen. Dem „Publikum" wird generell das richtige Bewusstsein abgesprochen, seine intellektuellen Fähigkeiten werden missachtet und es wird als extrem manipulierbar hingestellt.

„Die Millionen Menschen, welche die auf sie zugeschnittene Massenkultur konsumieren, die sie eigentlich erst zu Massen macht", schreibt Adorno, „haben kein in sich einheitliches Bewußtsein. Sie ahnen, vorbewußt, unterhalb einer dünnen ideologischen Schicht, daß sie vom Titelbild jeder illustrierten Zeitung, von jedem zellophanverpackten Schlager betrogen werden. Wahrscheinlich bejahen sie, womit man sie füttert, so krampfhaft nur, weil sie das Bewußtsein davon abwehren müssen, so-

---

[42] Vgl. Langenbucher, Wolfgang R. und Walter A. Mahle: Unterhaltung als Beruf? Herkunft, Vorbildung, Berufsweg und Selbstverständnis einer Berufsgruppe (= AfK-Studien 1), Berlin: Spiess 1974.

[43] Adorno, Theodor W.: Kann das Publikum wollen?, in: Vierzehn Mutmaßungen über das Fernsehen, hrsg. von Anne Rose Katz, München: dtv 1963, S. 55-60.

lange sie nichts anderes haben. Dies Bewußtsein wäre zu erwecken und dadurch dieselben menschlichen Kräfte gegen das herrschende Unwesen zu erwecken, die heute noch fehlgeleitet und ans Unwesen gebunden sind."[44]

Gegen dieses Verdikt hat sich zunehmend Widerstand formiert. Kristallisationspunkt aller kritischen Einwände wurde das Menschenbild der Verfechter der Theorie vom unmündigen, mit einem falschen Bewusstsein ausgestatteten, ungebildeten, entscheidungsunfähigen Konsumenten. Rainer Erd meinte 1989 in seinen Reflexionen über „Kulturgesellschaft oder Kulturindustrie", im Gegensatz zu Adorno und Horkheimer ließe sich pointiert formulieren, dass Kulturindustrie heute zu einem nicht geringen Teil an der intellektuellen Vorbereitung der Modernisierung von kapitalistischer Gesellschaft beteiligt ist - indem sie Öffentlichkeit für zentrale gesellschaftliche Probleme herstellt. Das Publikum kann also durchaus wollen, und „Der spezifische Charakter kulturell aufgeladener Gesellschaften der Gegenwart wird weder von postmodernen Theoretikern begriffen, die ein Reich schöpferisch gestaltbarer Gesellschaft verheißen, noch von den orthodoxen Funktionalisten der Kritischen Theorie, die jedwede Form gesellschaftlichen Fortschritts allein im Kontext einer immer totaler werdenden sozialen Kontrolle verstehen."[45]

Es sei nur daran erinnert, dass Wissenschaft immer ein soziales und erkenntnistheoretisches System darstellt, und das „Verhältnis von theoretischen und praktischen Zielen [...] der Wissenschaft besser analysierbar [wird], wenn man nicht von ‘Wissenschaft' allgemein spricht, sondern sie als einen Prozess von Interaktionen betrachtet, der soziologisch ebenso beschreibbar ist wie andere Felder der Interaktion. Dieses Handlungsfeld ‘Wissenschaft' lässt sich als Überschneidung zweier Systeme begreifen: der Wissenschaft als sozialem System und der Wissenschaft als erkenntnistheoretischem System."[46] Die analytische Trennung hebt natürlich weder den faktisch engen Zusammenhang beider Systeme noch den Prozess kontinuierlicher Interaktionen auf. So machte im Feld neuere Kommunikationswissenschaft Maria Löblich. „für die Tatsache, daß im Laufe der Entwicklung der Kommunikationswissenschaft so unter-

---

[44] Adorno, Theodor W., Kann das Publikum wollen? a.a.O., S. 60.

[45] Erd, Rainer: Kulturgesellschaft oder Kulturindustrie?, in: Rainer Erd, Dietrich Hoß, Otto Jacobi und Peter Noller, Kritische Theorie und Kultur, Frankfurt am Main: Suhrkamp 1989, S. 217-235., hier S. 234.

[46] Friedrichs, Jürgen: Methoden empirischer Sozialforschung, Reinbek bei Hamburg: Rowohlt 1973, S. 15.

schiedliche Antworten auf die Medienwirkungsfrage gegeben wurden" die „zugrunde liegenden Publikumsvorstellungen" verantwortlich, die sie anhand des „Menschenbild[es] und weil hier ein enger Zusammenhang besteht auch das Gesellschaftsbild[es] von Otto B. Roegele"[47] analysieren will. Solche Ansätze sollten notwendig auf eine breitere systematische Ebene gestellt werden.

2.1.1 Vom passiven zum aktiven Rezipienten

Günter Endruweit forderte 1999, innerhalb der Human- und Kulturwissenschaften zwischen drei Arten von Menschenbildern zu unterscheiden. Das empirische Menschenbild ist „als Ergebnis von Forschung in der Gesellschaft entstanden" und als Ergebnis in „Form von Wissen über den Menschen" verfügbar. Das methodische Menschenbild steht als Hypothese am Anfang der Forschung, die zu überprüfen ist. „Wenn sich das methodische Menschenbild empirisch bewährt, geht es in das empirische Menschenbild über." Das axiomatische Menschenbild hingegen steht nicht am Anfang oder Ende von Forschung, sondern am Anfang von Theoriebildungen.[48] Als nicht beweisbare Setzung wird sie wiederum Ausgangspunkt von weiteren Schlüssen.[49]

Die Kommunikationswissenschaften belegten mit ihrem Paradigmenwechsel vom passiven zum aktiven Rezipienten sehr eindrucksvoll, inwieweit Menschenbilder als theoretischer Ausgangspunkt den Erkenntnisweg leiten und die Ergebnisse von empirischen Erhebungen beeinflussen, die ihrem Anspruch nach „objektiv" sind. Den „axiomatischen" Charakter des Grundmodells vom Menschen in den Kommunikationswissenschaften legte Elihu Katz 1959 mit den Worten offen, die Frage der Forschung dürfe nicht mehr lauten „What do the media do to the people?" sondern „What do people do with the media?"[50]

---

[47] Löblich, Maria: Das Menschenbild in der Kommunikationswissenschaft. Otto B. Roegele, (=Kommunikationsgeschichte, hrsg. von Walter Hömberg und Arnulf Kutsch, Bd 20), Münster: LITVerlag 2004, S. 9 und 11.

[48] Als Theorie wird hier ein System von Begriffen, Definitionen und Aussagen bezeichnet, das dazu dienen soll, die Erkenntnisse über einen Bereich von Sachverhalten zu ordnen, Tatbestände zu erklären und vorherzusagen.

[49] Endruweit, Günter: Soziologische Menschenbilder, in: Ders. (Hrsg.), Menschenbilder in der modernen Gesellschaft. Konzeptionen des Menschen in Wissenschaft, Bildung, Kunst, Wirtschaft und Politik, Stuttgart: Ferdinand Enke Verlag 1999, S. 5-21, hier S. 6 ff.

[50] Vgl. Katz, Elihu: Mass Communication Research and the Study of Popular Culture, in: Studies in Public Communication, hrsg. vom Committee on Communication of the University of Chicago, 2. Jg., 1959, S.2.

Bei diesem Übergang von Theorien und Modellen, die auf dem passiven Rezipienten aufbauen, zu denen, die den aktiven Rezipienten in den Mittelpunkt stellen, wurde der Mensch ein weiteres Mal „neu erfunden" und wiederum wurde die Frage aktuell: Brauchen Neue Medien Neue Menschen und brauchen Neue Menschen Neue Medien? Wenn Medien vom Menschen gemacht werden können, sollte letztlich auch der Mensch konstruierbar sein. Friedrich Kittler hat in seiner postmodernen Mediengeschichte „Grammophon. Film. Typewriter" diese drei Speichermedien als Leitfossilien des Beginns der Moderne und als „Urmedien" aller späteren Entwicklungen bezeichnet. Hier bieten sich, wie er meinte, erstmals Möglichkeiten, Wirklichkeit festzuhalten - oder neue Wirklichkeiten zu schaffen. Vor allem aber, so seine Kernthese, wird der Mensch psychologisch zergliedert, und kann als Medienprodukt neu zusammengesetzt werden. Zeit und Raum scheinen überwindbar.[51]

Der Wunsch, es Gott gleichzutun und selbst einen Menschen zu schaffen, hat eine lange Tradition. Er reicht in der fantastischen Literatur von Ovids antikem Bericht von der Erschaffung einer lebenden Statue durch den Bildhauer Pygmalion, den George Bernard Shaw mit Prof. Higgins und Eliza Doolittle persiflierte, und dem Golem des Rabbi Löw über Frankensteins Monster bis zu den Cyborgs, Chimären und Androiden, die zumindest die Science-Fiction-Literatur unserer Tage beherrschen. Er findet seine Parallele in zahllosen postmodernen Theorien, die von der Konstruktion eines neuen Menschen besessen scheinen. Und er bestimmt weitgehend das Marketing und seinen Eifer bei der Konstruktion von virtuellen Zielgruppen, geklonten Typologien, prognostischen Lifestyles usw.

Den alten und neuen Allmachtsphantasien der Künstler, Alchemisten, Ärzte und Ingenieure entsprechen heute die Allmachtsphantasien professioneller Kommunikatoren und Kommunikationswissenschaftler. Wenn sie auch Medien statt Lehm benutzen, um ihren Menschen knetend zu formen, fußen sie letztlich doch wie ihre Vorgänger auf der magisch-mystischen Vorstellung, mit dem Bild vom Anderen besitze man auch Zugang zu seinem Inneren und könne unbeschränkt Macht über ihn ausüben. Menschenbilder werden so zum Auslöser unterschiedlichster Versuche, prozessuale Analysen interpersonaler und gesellschaftlicher Kommunikation gleichzeitig vom Ausgangspunkt und vom Ergebnis her zu denken.

---

[51] Kittler, Friedrich: Grammophon. Film. Typewriter, Berlin: Brinkmann & Bose 1986.

Menschen werden letztlich – wie die Medien – nur noch als Ergebnisse von Konstruktionen, Projektionen und Interpretationen erfassbar. Dabei steigt gegenwärtig die Tendenz, vom synthetisch hergestellten Idealbild auf die Realität zurückzuschließen und den Menschen durch unterschiedliche Pressionen (von materiellen Sanktionen über die Stigmatisierung von Gruppen bis zur moralischen Diffamierung des Einzelnen) in das gewünschte Bild zu zwingen. Der mündige Bürger wird zum Feind seiner selbst erklärt, der vor sich selbst geschützt werden muss. Hier wäre die entscheidende, bisher leider vernachlässigte Frage zu stellen, ob der Mensch, wenn er als aktives Wesen begriffen wird, in den Augen von Kommunikationswissenschaftlern mit dem Menschen als passivem Wesen identisch ist. Wo finden sich Inkompabilitäten, wo sind Gegensätze erkennbar? Lassen sich Übereinstimmungen nachweisen? Wie beeinflussen sie Kommunikationswissenschaft (Theoriebildung) bzw. Kommunikationspraxis?

2.1.2 Stereotypen- und Vorurteilsforschung

Untersuchungen zur Funktion oder Dysfunktion von vorgeformten Bildern in den unterschiedlichen narrativen Diskursen legte erstmals die Stereotypen- und Vorurteilsforschung vor. Sie konzentriert sich auf „Vorstellungen, die als feste Setzungen außerhalb der Ebene des Logisch-Diskursiven erscheinen und weit über den Tag hinaus wirken". In der neueren Geschichtsforschung lassen sich ebenso wie in der Kommunikationsforschung immer wieder Versuche nachweisen, „die aus solchen symbolischen Konstellationen resultierenden Manifestationen politischer Willensbildung im nationalen und internationalen Rahmen in Relation zur Ereignis-, vor allem aber der Mentalitätsgeschichte zu stellen und seine Instrumentalisierungen zu analysieren".[52]

Als geeignetes Werkzeug erwies sich dabei, vor allem in der angelsächsischen und französischen Forschung, der Begriff der „Stereotype". Er wurde (soziologisch interpretiert) von Walter Lippmann 1922 mit seiner Arbeit „Public Opinion"[53] in die Kommunikationsforschung eingebracht. Entsprechende Konzepte sind allerdings schon früher nachweisbar, wie das Konzept der „idee fixe"

---

[52] Vgl. Rollka, Bodo: Das Preußenbild in der "kleinen" Presse Frankreichs 1870/71, in: Jahrbuch für die Geschichte Mittel- und Ostdeutschlands, Bd. 31, Berlin: Colloquium 1982, S. 129-154, hier S. 132 f.

[53] Lippmann, Walter: Die öffentliche Meinung, München 1964 (Original engl. 1922. Public Opinion, New York).

bei Jacques Bainville in seiner „Histoire de deux peuples"[54] aus dem Jahre 1915 belegt. Bahnbrechend wirkte hier fast zeitgleich die mit David Riesmans Bild vom außengeleiteten Menschen vorgestellte Studie Gordon W. Allports „The Nature of Prejudice"[55] aus dem Jahre 1954, in der eine Skala vorgelegt wurde, mit der die Vorurteile innerhalb einer Gesellschaft nach den Graden der Diskriminierung unterschieden werden können (1. Abschätzige Bemerkung, 2. Verleumdung, 3. Vermeidung, 4. Diskriminierung, 5. Körperliche Gewaltanwendung, 6. Vernichtung). In Deutschland erfolgte eine umfassendere publizistische Aufarbeitung in den 60er Jahren durch Franz Droege („Publizistik und Vorurteil"[56]), die linguistischen Aspekte untersuchte Uta Quasthoff in ihrer maßgeblichen Dissertation aus dem Jahre 1972 „Zum Begriff und zur Funktion des Stereotyps".[57] Diese Forschungsansätze sollten unter der Fragestellung, inwieweit axiomatische Menschenbilder als stereotype Setzungen dysfunktional wirken und zu Fehleinschätzungen gesellschaftlichen kommunikativen Handelns und seiner Wirkungen einladen können, weitergeführt werden.

Es ist evident, dass Stereotypen immer ein Janusgesicht tragen, indem sie sowohl notwendig zur Reduktion von Komplexität beitragen als auch durch präkognitive Bilder kritische rationale Annäherungen verhindern können. Auf jeden Fall können Klischees, Stereotypen und Vorurteile die für Interaktionen notwendige Kenntnis des Gegenübers gefährden. Das ist unbestritten. Weniger Konsens herrscht hingegen über die Funktion von gesellschaftlich akzeptierten wenn nicht sogar dominierenden Menschenbildern sowohl in der medialen Kommunikation als auch bei der Konstruktion wissenschaftlicher (oder auch nur jeweils plausibler) Kommunikationsmodelle (und den damit legitimierten Formen kommunikativen Handelns).

2.1.3 Historische Menschenbilder und ihre instrumentelle Nutzung

Menschliche Kommunikation hat als Grundlage allen gesellschaftlichen Handelns immer das Ziel, Wirkungen zu erzeugen. Paul Watzlawick hat das in seinem ersten metakommunikativen Axiom „Man kann nicht nicht kommunizie-

---

[54] Bainville, Jaques: Geschichte zweier Völker. Frankreichs Lampf gegen die deutsche Einheit, Hamburg: Hanseatische Verlagsanstalt 1939/40 (Original: Histoire de deux peuples), Paris 1915.

[55] Allport, Gordon W.: Die Natur des Vorurteils, Köln: Kiepenheuer & Witsch 1971.

[56] Droege, Franz W.: Publizistik und Vorurteil, Münster: Verlag Regensberg 1967.

[57] Quasthoff, Uta: Zum Begriff und zur Funktion des Stereotyps. Versuch zur linguistischen Beschreibung und Analyse eines nicht sprachimmanenten Gegenstandes, Phil. Diss. FU Berlin 1972.

ren"[58] pointiert zusammengefasst. Er hat aber gleichzeitig nachdrücklich davor gewarnt, den Begriff ohne weitere Differenzierung inflationär zu benutzen und jedes Handeln als kommunikatives Handeln zu deuten. Niklas Luhmann hingegen will erst von Kommunikation sprechen, „wenn und soweit das Verstehen zustande kommt."[59] Wirkung wird als Konstruktion von Sinn verstanden. „Eine Kommunikation hat Erfolg, wenn ihr Sinn als Prämisse weiteren Verhaltens übernommen und in diesem Sinne Kommunikation durch andere Kommunikation fortgesetzt wird."[60]

Dieser Prozess ist multidimensional und neuere Kommunikationsmodelle, wie etwa der Symbolische Interaktionismus, erfassen neben der Sachebene und dem Appellcharakter stets die Vorstellung vom Gegenüber ebenso wie die Eigendarstellung als Faktoren, die den Verlauf wie das Ergebnis von Kommunikation entscheidend beeinflussen können.[61] Kommunikatoren wollen und müssen ihren Ansprechpartner kennen. Nur ausführliche Informationen über ihn – über sein Vorwissen, seine Erwartungshaltungen, seine Bindungen an Gruppen und Werte, seine Schwächen und Wünsche, seine Codes, seine Ziele usw. – ermöglichen eine „gezielte Ansprache". Kommunikation ist ja keineswegs die „Übergabe" einer bestimmten Aussage, deren Verständnis vorherbestimmt werden kann, vom „Sender" an den „Empfänger", sondern ein komplexer Prozess, den Friedemann Schulz von Thun in seinem Bild vom vierohrigen Hörer[62] einprägsam dargestellt hat.

Eine Analyse des Verhältnisses zwischen Menschenbildern und ihren Konsequenzen vor dem Hintergrund der Institutionalisierung kommunikationswissenschaftlicher Forschung und der Professionalisierung kommunikativen Handelns seit dem Durchbruch der modernen periodischen öffentlichen Medi-

---

[58] Watzlawick, Paul; Janet H. Beavin und Don D. Jackson: Menschliche Kommunikation. Formen, Störungen, Paradoxien, 8. unv. Aufl., Bern u.a.: Verlag Hans Huber 1990 (zuerst in englisch 1967), S. 53.

[59] Luhmann, Niklas: Soziale Systeme. Grundriß einer allgemeinen Theorie, Frankfurt am Main: Suhrkamp 1984, S. 203.

[60] Luhmann, Niklas: Die Gesellschaft der Gesellschaft. Erster und zweiter Teilband, Frankfurt am Main: Suhrkamp 1997, S. 337.

[61] Vgl. Blumer, Herbert: Der methodologische Standort des symbolischen Interaktionismus, in: Arbeitsgruppe Bielefelder Soziologen (Hrsg.), Alltagswissen, Interaktion und gesellschaftliche Wirklichkeit, Bd. 1, Reinbek bei Hamburg: Rowohlt 1973.

[62] Vgl. Schulz von Thun, Friedemann: Miteinander reden, Reinbeck bei Hamburg: Rowohlt 1981, S. 14 ff.. Schulz von Thun unterscheidet 1) die Sachseite, die informiert, 2) die Appellseite, die zum angemessenen Handeln - verbal oder nonverbal - auffordert, 3) die Selbstoffenbarungsseite, die Informationen über den Sender gibt und 4) die Beziehungsseite, die anzeigt, wie der Sender zum Empfänger steht bzw. wie er ihn einschätzt. Die Selbstoffenbarungsseite und die Beziehungsseite hängen eng zusammen und werden intensiv über die non-verbalen Informationen angesprochen.

endiskurse zeigt jeweils charakteristische Konstellationen. Sie zeigt vor allem, welche direkten Konsequenzen die Einschätzung des Rezipienten für die Wissenschaft hat bzw. welche erkenntnisleitende Funktion Menschenbildern zukommt. Planung, Optimierung und Evaluation von Strategien zur Bestimmung der Wirkungsfaktoren waren Ausgangspunkt wissenschaftlicher Institutionalisierung. Diesen generellen Intentionen kommt letztlich – auch wenn Kommunikationsforscher das anklagen oder abstreiten – noch heute zentrale Bedeutung im Wissenschaftsbetrieb zu.

Den Ausgangspunkt setzte Martin Luther bereits am Anfang der Druckkultur, als er 1530 in seinem „Sendbrief vom Dolmetschen" die Grundidee formulierte, „man muß die Mutter im Hause, die Kinder auf der Gassen, den gemeinen Mann auf dem Markt drum fragen und denselbigen auf das Maul sehen, wie sie reden und darnach dolmetschen; da verstehen sie es denn".[63] Sie erscheint noch heute gültig und wird immer wieder zitiert. Luther stützte sich hier zwar auch auf die antiken Rhetoriklehrer, nahm aber gleichzeitig mit seinem kommunikativen Credo viele Überlegungen heutiger professioneller Kommunikatoren und Kommunikationswissenschaftler über Zielgruppenansprachen und die Verwendung der angemessenen Codes vorweg. Sein einfacher Satz, man müsse den „Leuten aufs Maul sehen", wenn man wissen wolle, wie sie sprechen, d.h. auch: Wie sie denken, und wie man sie auf ihre Art ansprechen soll. Also: Wenn man Wirkungen erzeugen will, kann umgekehrt werden, wenn man die Sprache der Leute spricht – oder imitiert – werden sie beeinflussbar und können gelenkt, geleitet und geschickt werden. Moderne Kommunikationspraktiker aber auch zahlreiche Kommunikationstheoretiker und Macher verweisen ganz entsprechend gern darauf, man müsse die Leute dort „abholen", wo sie sich befinden, oder, wie es der RTL-Philosoph Helmut Thoma noch drastischer mit den Worten formulierte: „Der Wurm muss dem Fisch, nicht dem Angler schmecken."[64] Wo man wen abholen sollte, um ihn zu belehren, zu verbessern, auszubeuten oder auch zu verführen ist noch heute der zentrale Punkt der Diskussion. Wen will man eigentlich abholen? Und wohin will man ihn führen, leiten, schicken...

---

[63] Luther, Martin: An den christlichen Adel deutscher Nation. Von der Freiheit eines Christenmenschen. Sendbrief vom Dolmetschen, hrsg. von Ernst Kähler, Stuttgart: Reclam o.J [1962], S. 159.

[64] Zit. nach Doelker, Christian: Menschenbilder in den Medien. Ikonen der Postmoderne?, in: Medien praktisch, Nr. 4, 1996, S. 17.

2.1.4 Menschenbilder und Kommunikationstheorien

Orientiert man sich an den Menschenbildern, die in bestimmbaren historischen Epochen seit Beginn wissenschaftlicher Beschäftigung mit Kommunikation vorherrschten, ergiebt sich eine Grobgliederung in die einander folgenden aber einander auch überlappenden Bildfelder: Der Mensch ist gut, der Mensch ist schlecht, der Mensch ist messbar, der Mensch ist chaotisch.[65] Diesen vier klassischen Ausprägungen des gesellschaftlich dominierenden Bildes vom Menschen sollten noch um die beiden aktuelleren Bilder vom Menschen, der nur unterhalten werden will und vom Menschen, der Werte braucht, erweitert werden. Die beiden letzten Vorstellungskreise erlauben darüber hinaus die Analyse pädagogisch bzw. ordnungspolitisch orientierter Instrumentalisierungsversuche, ihrer Umsetzung und ermöglichen weiterführende Interpretationen.

All diese Menschenbilder finden ihre Entsprechungen in spezifischen Kommunikationstheorien. Sie repräsentieren das Verhältnis zwischen den jeweils unterstellten Haupteigenschaften des Menschen, dem Wirtschaftssystem, den kommunikationswissenschaftlichen Theorien und der herrschenden Gesellschaftsverfassung. Sie sind als ausgeprägte Paradigmen mit erkennbaren Positionen und sie repräsentierenden Personen in den aktuellen Diskursen nachweisbar.

Der Mensch ist gut lautete das Credo des frühen Liberalismus. Nur die Verhältnisse beeinträchtigen ihn, gute Gesetze lassen den Menschen seinem Wesen entsprechend gut sein. Das liberale Marktmodell setzt bei gleichberechtigten Marktteilnehmern eine prästabilisierte Harmonie auf dem Markt der Güter und Waren voraus, die auch den Markt der Kenntnisse und Meinungen bestimmt, auf dem das Beste und Billigste sich notwendig durchsetzen wird. Diese Grundannahme aufgeklärter, als konstitutionelle oder parlamentarische „offene" Demokratien verfasster Gesellschaften, legt den Schwerpunkt kommunikationswissenschaftlicher Arbeit auf den Kampf gegen Zensur und Presselenkung. Bedürfnisse von Rezipienten werden kaum erfasst. Vielmehr werden pädagogische Konzepte zur Hebung der allgemeinen Bildung entwickelt, denen die Publizistik – als Aufgabe großer Persönlichkeiten – folgt. Als repräsentative Wissenschaftler wären Robert Prutz, Ernst Wuttke und Karl Bücher zu nennen, wobei letzterer bereits an der Wende vom 19. zum 20. Jahrhundert das Ende dieses Para-

---

[65] Vgl. Rollka, Bodo: Menschenbilder als Grundlage werblicher Kommunikation, in: Monique Samuel-Scheyder und Philippe Alexandre (Hrsg.), Pensée pédagogique. Enjeux, continuités et ruptures en Europe du XVIe au XXe siècle, Bern u.a.: Peter Lang 1999, S. 387-402.

digmas einleitete. Da die neuen Blätter durch Anzeigen finanziert wurden konstatierte Bücher 1912 in den „Grundlagen des Zeitungswesens" „eine fundamentale Umgestaltung des Wesens der Zeitung", die „jetzt den Charakter einer Unternehmung hat, welche Anzeigenraum als Ware produziert, die nur durch einen redaktionellen Teil absetzbar wird"[66].

Der Mensch ist schlecht meinten hingegen die Massentheoretiker in der Folge des Arztes und Sozialpsychologen Gustave Le Bon. Als Teil der Masse ist er triebgeleitet und irrational. Der Massenmensch braucht eine starke Führung durch die Elite. Im Manchesterkapitalismus, den Effizienzstreben (Taylorismus) und Fließbandproduktion (Fordismus) bestimmten, dominierte der Wunsch, die gefährlichen (proletarischen) Massen zu lenken. Massen-, Propaganda-, Manipulations- und Verschwörertheorien dienten den neuen Eliten als Legitimation. In den Kommunikationswissenschaften, die sich um die Kerne Propaganda und Werbung formierten, wurde die Stimulus-Response-Theorie Leitdogma, da sie die Behauptung direkter Kausalbeziehungen zwischen Kommunikator, Kommunikat und Wirkung unterstützte. Diese Theorien, vertreten u.a. vom Publizisten Emil Dovifat und vom Markentechniker Hans Domizlaff, kennzeichneten autoritäre Demokratien, aber zunehmend auch Diktaturen auf allen Seiten des politischen Spektrums.

Der Mensch ist messbar, stellten die Empiriker fest. Seine demografischen, später auch seine soziografischen Daten sind genau erfassbar. Sein Verhalten ist aber nur bedingt vorhersagbar, er reagiert auf kalkulierbare Reize nur, wenn sie seinen latenten Einstellungen entsprechen. Dem sozialen Umfeld, den „Leuten" kommt entscheidende Bedeutung zu, stellten Paul Lazarsfeld u.a. bei ihrer Wahlstudie 1944 fest. Ausgangspunkt waren Zweifel an der bisher unterstellten Allmacht der Medien, die durch empirische Beobachtungen plötzlich nicht mehr belegbar erschien. Einstellungsänderungen sind nicht direkte Wirkungen von Medienaussagen, sondern erfolgen im Dialog zwischen Meinungsführern und Meinungssuchern. Der Mensch hatte gar kein „Massengehirn". Er konnte sogar relativ resistent gegen Beeinflussungsversuche sein, so elaboriert sie auch waren. Was ihn nicht interessierte, nahm er einfach nicht zur Kenntnis, was ihm nicht passte, wurde einfach in eine akzeptablere Aussage umgedeutet. Die mit der Theorie vom „two-step-flow of communication" eingeleitete neue Epoche der Kommunikationswissenschaften rückte empirische Studien, vor allem die

---

[66] Bücher, Karl: Die Grundlagen des Zeitungswesens, in: Ders., Gesammelte Aufsätze zur Zeitungskunde, Tübingen: Mohr 1926, S. 1-64.

Wirkungsforschung, in den Mittelpunkt des Interesses. Nach der kognitiven Wende wurden Planbarkeit und Machbarkeit, ergänzt durch Erfolgskontrolle und Evaluation, Grundlagen neuer politischer Strategien, Glaubwürdigkeit und Vertrauen bildeten die symbolische Währung in liberalen, technokratisch orientierten Systemen, in denen Kriterien der Wirtschaft dominierten. „Zielgruppenmitglieder" streben danach, Mehrheiten anzugehören und Wettbewerb und Planung sollten Grundlage eines „aufgeklärten" Kapitalismus werden, in dem ordoliberale soziale Gesichtspunkte hinter typologiegebundene Gratifikationssysteme, Mitarbeitermotivationen und Diskurse über Unternehmenskultur und Unternehmensethik zurücktraten.

Der Mensch ist chaotisch lautete hingegen die postmoderne Erkenntnis, die teils Erklärungsversuch des unvollkommenen, aber real existierenden Menschen war, teils als Wunschprojektion des neuen, besseren, freieren Menschen verstanden werden musste. Die Personenperson ist ihr Markenzeichen, denn Individuen folgen eben nicht vorhersagbaren bestimm- und messbaren Bedürfnissen, sondern verwirklichen sich als multioptionale Verbraucher, als Grenzgänger, als multiphrene Chaoten. Dem Zuwachs extremer Randgruppen, der Aufkündigung traditioneller gesellschaftlicher Werte sowie dem Sieg des aktiven Rezipienten entsprachen marketingdominierte Angebote, die zu kommunizieren waren. Ulrich Saxer umriss diese Phase mit der Wandlung des antagonistischen Verhältnisses von Journalismus und Public Relations zu einer symbiotischen Kooperation sowie der Tatsache, dass nicht mehr Mehrheiten sondern Minderheiten die Medien bestimmten.[67] In den Kommunikationswissenschaften setzten sich der symbolische Interaktionismus, die Systemtheorie und der Konstruktivismus durch. Codierung und Decodierung medialer Aussagen erschienen, wie die Cultural Studies betonten, abhängig von Wissen, Wertungen und Umweltfaktoren. Im Prozeß der parallelen Globalisierung wurden soziale wie politische Systeme instabil, was Demokratien ebenso betreffen konnte wie totalitäre und autoritäre Staaten.

Die beiden letzten Menschenbilder - *der Mensch will unterhalten werden* und *der Mensch braucht Werte* - dienen gegenwärtig vorwiegend als Waffen in gesellschaftspolitischen Polemiken bzw. den neu in die Diskurse eingeführten Populismusvorwürfen. Ihre Nutzer beklagen in kulturkritischer Attitüde den Verfall der Moral und machen negative Eigenschaften des Menschen für den

---

[67] Saxer, Ulrich: Public Relations als Innovation. Innovationstheorie als public-relationswissenschaftlicher Ansatz, in: Media Perspektiven, Nr. 5, 1991, S. 273-290.

von ihnen konstatierten gesellschaftlichen Verfall verantwortlich. Letztlich belegen sie einen Rückfall in überkommene Vorstellungen vom Menschen, denn sie vereinen Elemente der Massentheorie mit kulturpessimistischen bzw. kulturkritischen Positionen. Sie bilden erneut ein Gegensatzpaar, das den Anspruch erhebt, aus der (scheinbar evidenten) Beschreibung des Menschen und der Liste seiner unstrittigen Mängel das Recht auf zwangsweise Abhilfe abzuleiten.

Bereits in den fünfziger Jahren machte Günther Anders, der Jahrzehnte lang als eine der moralischen Instanzen des westlichen Nachkriegsdeutschlands und der folgenden Bundesrepublik gegolten hatte, in seiner Essaysammlung „Die Antiquiertheit des Menschen", die Reklame für die Schaffung des Wegwerf-Menschen verantwortlich. Werbung bzw. Reklame ist ihm zufolge ein Instrument, um Ausschuss zu erzeugen, ein kontinuierlicher Aufruf zur Schonungslosigkeit.[68] Als Vordenker der Anti-Atombewegung entdeckte Anders die Angst als Organ der Wahrheit und gleichzeitig als Instrument zu ihrer Durchsetzung: „Wir haben unsere Angst zu erweitern", schrieb er 1957 in seinen Thesen zum Atomzeitalter, „habe keine Angst vor der Angst, habe Mut zur Angst. Auch den Mut, Angst zu machen. Ängstige deinen Nachbarn wie dich selbst."[69] Ein halbes Jahrhundert später erkannte Ludger Lütkehaus die Werbung in der Zeit als die „neue große Hure Babylon, die alle mit allem verkuppelt"[70] und Unterhaltung wurde bis in die 80er Jahre als Eskapismusmaschine diffamiert, auch wenn zahlreiche empirische Untersuchungen das Gegenteil belegten.

Denn der Mensch, der unterhalten werden will, gilt als ein verantwortungsloser Hedonist, als Barbar, der in einer Konsumgesellschaft nicht nur alle Medienangebote sondern auch alle kulturellen Güter zu Waren degradiert hat, die jetzt als Kitsch und Reklame den gleichen Wegwerfcharakter aufweisen wie die entsprechenden materiellen Güter und Waren und letztlich er selbst. In dieser Postadorno-Hölle suchen Individuen nur noch sofortige emotionale Gratifikationen, das erstrebte „vicarious emotional arousal" (Percy F. Tannenbaum) bestimmt Selektion und erhoffte Gratifikationen. Politik wird als symbolische Politik irrelevant. Erst in Folge der Entdeckung des aktiven Rezipienten fand

---

[68] Anders, Günther: Die Antiquiertheit des Menschen, Bd. 1: Über die Seele im Zeitalter der zweiten industriellen Revolution (Orig. 1956), Bd. 2: Über die Zerstörung des Lebens im Zeitalter der dritten industriellen Revolution (Orig. 1980), (= Beck'sche Reihe 319 und 320), München: C.H. Beck 1988.

[69] Zit. nach Lau, Jörg: Abschied von der Panikmache. Die Angst der Deutschen ist legendär. Sie kollidiert mit der Notwendigkeit, innovativ zu sein. Deshalb fordern Politiker mehr Mut zum Risiko, in: Die Zeit, Nr. 21, 2004, Rubrik "Wissen", S. 35 f., hier S. 35.

[70] Lütkehaus, Ludger: Wir haben genug. Wir brauchen nichts mehr, in: Die Zeit, Nr. 28, 2005, Feuilleton, S. 36.

auch hier ein Wandel statt, wie ihn etwa Hallenberger und Foltin 1990 mit dem Satz umrissen: „Unterhaltung ist nicht das, was die Sendeanstalten ausstrahlen, sondern das, was die Zuschauer mit dem Gesendeten anfangen"[71]

Als Ausweg aus dem Dilemma soll das programmatische Bild vom Menschen, der Werte braucht, minoritären Eliten wie der selbsternannten „politischen Klasse" eine Legitimation bieten, den „neuen Massen", dem „Prekariat", Moral und Werte aufzuzwingen, da diese offensichtlich beide weder kennen noch besitzen. Dem entspricht die Aufladung von Gütern, Waren und Dienstleistungen mit erwünschten Werten (Öko, Bio, klimaneutral, erneuerbar, ganzheitlich, nachhaltig usw.) sowie der Anspruch der „neuen Eliten" auf ethische Unterweisung und Führung, einschließlich der Vermittlung von „ethischen" Grundlagen in allen Kommunikationsangeboten. Spin-Doctoring und Werbe- bzw. Konsumverbote bilden zusammen mit extrem willkürlicher Sanktionierung der Verwendung „politisch inkorrekter" Sprache die Grundlage für eine „Erziehungsdiktatur" die jederzeit in den Tugendterror umschlagen kann.

2.2 Kommunikationswissenschaften als moderne Schlüsselwissenschaften bzw. Leitdisziplinen

Kommunikation und Kommunikationswissenschaften nehmen im postmodernen Wissenschaftsspektrum als Schlüssel- bzw. Leitwissenschaften zunehmend eine zentrale Rolle ein. Das belegt nicht nur der inflationäre Gebrauch dieser gegenwärtig in mehrfacher Hinsicht instrumentalisierten und mystifizierten Begriffe. Einerseits werden Defizite in Politik und Wirtschaft als Resultate fehlerhafter Kommunikation erklärt, andererseit lässt sich beobachten, dass Mythen, Legenden, ungeprüfte Theorien und Unterstellungen oft eine höhere Verbreitung und Akzeptanz erlangen als vom kritischen Bewusstsein überprüfte wissenschaftliche Erkenntnisse.

Kommunikationsplanung und -gestaltung haben sich in allen gesellschaftlichen Subsystemen als zentrale Aufgabe durchgesetzt. Als PR, ÖA und CI, oder in der modernen Version des Krisenmanagements oder des Spin-Doctoring, der milden Form von Propaganda, die den Adressaten gleich zum Kommunikator umformen will, bilden sie die wichtigsten Lenkungs- und Beeinflussungsinstrumente in den Diskursen von Institutionen, Organisationen

---

[71] Hallenberger, Gerd und Hans-Friedrich Foltin: Unterhaltung durch Spiel. Quiz-Sendungen und Game Shows des deutschen Fernsehens, Berlin: Spiess 1990, S. 23.

und Unternehmen, etwa den Subsystemen Politik, Wirtschaft, Recht usw. Im
mer aber wird Kommunikation eine Fähigkeit zu Problemlösungen zugeschrieben, die ihr so nicht zukommen kann.

Der Nationalökonom Friedrich August von Hayek pflegte in seinen Vor-
trägen den Begriff „sozial" ironisch als „Wieselwort" zu bezeichnen. Je näher
man ihm zu kommen scheint, umso schneller entzieht er sich der zugreifenden
Hand. Mit den Begriffen Kommunikation und Kultur steht es nicht anders. Dem
babylonischen Sprachgewirr im Alltag entsprechen ebenso heftige wissen-
schaftstheoretische Diskussionen. Kommunikation ist ein „modernes"
Wieselwort. Auch wenn Kommunikation nicht mit Kultur gleichgesetzt werden
darf, was immer wieder versucht wird, ist Kommunikation doch ein Schlüssel-
begriff aller Kultur- und Sozialwissenschaften. Menschen erfahren ihre jeweilige Wirklichkeit seit jeher durch Medien, wenn Zeremonie, Ritual, Fest und
letztlich auch das Spiel als Medien begriffen werden dürfen. Folgt man
konstruktivistischen Theorien, entsteht Kultur durch Interaktion, die Konsens
schafft und Traditionen begründet. Medienvermittelte Kommunikation wird so
zum „Schüssel", um die Wirklichkeit zu „erfahren". Siegfried J. Schmidt hat darauf hingewiesen, dass die traditionelle Unterscheidung zwischen medial vermittelten und medial unvermittelten Erfahrungen längst hinfällig geworden ist
und die Omnipräsenz von Medienangeboten individuelle wie soziale Wirklichkeitskonstruktionen verändert. Denn, so Schmidt,

„Das Programm Kultur realisiert sich als Medienkultur, und man könnte
fast hinzusetzen: und als nichts anderes. Wenn Referenz und Authentizi-
tät primär Medienprobleme sind, dann wird das Wissen zentral und nicht
die Objekte. Medienkultur kann aber damit gerade die Konstruktivität
von Kognition und Kommunikation ebenso bewußtmachen wie unsere
unteilbare Verantwortung für den Umgang mit Medien. Erst von dieser
Einsicht her lassen sich dann Detailfragen wie die nach der Funktion von
Materialitäten von Medien sozusagen aufkonstruieren."[72]

Schmidt hält es „in dieser Perspektive" für „sinnvoll, Geisteswissenschaften und
Sozialwissenschaften als Teildisziplinen einer Medienwissenschaft bzw. einer
Medienkultur-wissenschaft zu konstituieren." An diese neue Disziplin stellt er
hohe Anforderungen: Sie müsse ihr Theoriedefizit überwinden sowie der Ge-

---

[72] Schmidt, Siegfried J.: Medien, Kultur: Medienkultur, in: Ders. (Hrsg.), Kognition und Gesellschaft. Der Diskurs des Radikalen Konstruktivismus, Frankfurt am Main: Suhrkamp 1992, S.
425-450, hier S. 447.

fahr entgehen, dem „heimlichen Positivismus der Handbücher und Datenbanken" zu erliegen. Sie solle „auf einem hinreichend komplexen, nicht substantialistischen konstruktivistischen Kulturbegriff aufgebaut werden". Er hält ausdrücklich fest, daß nur „in einer so breit ausgelegten Disziplin dann Fragen behandelt werden [könnten], die in den heutigen Philologien und in publizistisch orientierten Medienforschungen nicht genügend komplex konstruiert werden können". Hier dominieren allerdings Fragen nach den Medien, ihren Funktionen und Wirkungen, ihrer Narratologie und den Wandlungen von Produktions- und Rezeptionsbedingungen. Der Mensch als Gestalter dieser Kultur bleibt mehr oder weniger passiv im Schattten, wenn das „Programm Kultur", ausdrücklich in Analogie zur Computermetapher benutzt[73], als gesellschaftliches System in den Vordergrund gestellt wird. Schmidts Resümée, „erst eine Medienkulturwissenschaft könnte »auf der Höhe« dessen sein, was offenbar unsere Gegenwart auszeichnet: Medienkultur"[74], schließt zumindest das Individuum ebenso aus wie seine Wünsche und Niederlagen. Der Begriff der Medienkulturwissenschaft müßte allerdings interaktive Elemente stärker berücksichtigen und auf Ansätze zurückgreifen, die den aktiven Rezipienten in seinem Medienhandeln analysieren wollen.

Die Traditionslinien, die von Brechts Radiotheorie[75] aus den zwanziger Jahren über Enzensbergers Baukasten zu einer Theorie der Medien[76] bis zu den heutigen Auseinandersetzungen um Publikumsbeteiligung im Internet reichen, deuten eine mögliche Forschungsrichtung an. Sie könnten eine weitere Lücke schließen, wenn Johan Huizingas oben erwähnte Theorie von der kulturstiftenden Funktion des Spiels einbezogen würde.[77] Die neueren Ansätze in der Spieltheorie könnten darüber hinaus wertvolle und erkenntnisfördernde integrale Schritt auf dem Wege zu kommunikativen Kulturwissenschaften einleiten, vor allem weil sie sich sich gegen jegliche stereotype Formen antinomischen Denkens gewendet haben. Oswald Neuberger formulierte pointiert: „Die Spielmetapher will den schroffen Gegensatz »Spiel – Arbeit« aufheben. Sie will zeigen, daß jede organisierte Arbeit Elemente des Spielerischen enthalten muß,

---

[73] Vgl. Schmidt, Siegfried J.: Medien, Kultur: Medienkultur, a.a.O., S. 434f.

[74] Ebd., a.a.O., S. 447 f.

[75] Vgl. Rollka, Bodo: Bertolt Brechts Radiotheorie, in: Rundfunk und Fernsehen, 19. Jg., Nr. 2, 1971, hrsg. vom Hans-Bredow-Institut an der Universität Hamburg, S. 145-154.

[76] Vgl. Enzensberger, Hans Magnus: Baukasten zu einer Theorie der Medien, in: Kursbuch. hrsg. von Hans Magnus Enzensberger, Bd. 20, Frankfurt am Main: Suhrkamp 1970, S. 159-186.

[77] Huizinga, Johan: Homo Ludens, a.a.O., S. 189.

auch wenn dies eine puritanische Arbeitsethik mit ihren zentralen Kategorien von Pflicht, Leistung, Anstrengung, Rationalität, Planbarkeit, Verläßlichkeit usw. verleugnen möchte."[78]

2.2.1 Das Bild des postmodernen Menschen

Das Bild des postmodernen Menschen schwankt zunehmend bedrohlicher zwischen dem Bild der umweltdeterminierten Reflexamöbe aus den behavioristischen Theorien und dem ihm traditionell trotzig entgegengestellten phänomenologischen Bild des autonomen Individuums, dem „bürgerlichen Subjektmodell, also dem freien Individuum, das sein Leben und auch Erleben selbst bestimmt". Jochen Baecker hat auf die jeweils immanenten Gefahren dieser beiden Vorstellungen hingewiesen, spricht doch das behavioristische Menschenbild den Menschen ihre Selbstbestimmung ab und verkürzt sie zu konditionierbaren Reflexapparaten, während im Rahmen des phänomenologischen Menschenbildes jedes psychosoziale Problem als ein individuelles betrachtet werden muss.

> „Wenn Wahrnehmung und Erleben subjektiv sind, dann können psychische Probleme nicht auf externe gesellschaftliche oder kulturelle Faktoren zurückgeführt werden, sondern nur auf subjektive, individuelle. Und das scheint uns angesichts der psychischen Probleme z.B. von Arbeitslosen, von Opfern religiöser Sekten oder sexuellen Mißbrauchs nicht vertretbar zu sein."[79]

Sowohl die Neurobiologen als auch die Kommunikationswissenschaftler suchen den Menschen zwischen diesen beiden Extremen und haben entsprechende Erkenntnisprobleme. Während die überwiegende Zahl von Kommunikationswissenschaftlern in der Empirie ihr Heil sucht und als Zugänge zum Menschen Datenberge auftürmt, vertrauen die Neurobiologen entsprechend auf Messungen seiner Hirnströme und seiner genetischen Dispositionen. Dabei wird nicht mehr das Gewicht des Gehirns oder sein Volumen oder die Physiognomik gemessen,

---

[78] Neuberger, Oswald: Spiele in Organisationen, Organisationen als Spiele, in: Willi Küpper und Günther Ortmann (Hrsg.), Mikropolitik: Rationalität, Macht u. Spiele in Organisationen, Opladen: Westdeutscher Verlag 1988, S. 53-86, hier S. 77.

[79] Baecker, Jochen, Michael Boeg-Laufs; Lothar Duda und Ellen Mathies: Sozialer Konstruktivismus - eine neue Perspektive in der Psychologie, Kognition und Gesellschaft, in: Siegfried, J. Schmidt (Hrsg.), Der Diskurs des Radikalen Konstruktivismus II, Frankfurt am Main: Suhrkamp 1992, S. 129 f.

sondern die elektrischen Entladungen im Gehirn. Zwar ist in der Wirkungsforschung das rein monokausale Denken (wenn-dann-Theorien, Stimulus-Response) zurückgedrängt worden, empirisch erhobene Datensätze und statistisches Material erheben aber weitgehend einen identischen Wahrheitsanspruch. So wetteifern Kommunikationswissenschaftler und Neurobiologen um den Anspruch auf die Deutungshoheit über den Menschen. Sie berufen sich auf empirisch-naturwissenschaftliche Gesetze und das Prinzip der Kausalität. Dabei gehen sie von normativen Prämissen aus und beanspruchen aufgrund ihres empirischen methodischen Vorgehens Objektivität und Wahrheit.

Diesen Zusammenhang betonte auch Peter Janich zu seiner Kritik am Dialog zwischen Wolf Singer und Matthieu Ricard „Hirnforschung und Meditation", in der er unterstrich, Singer vertrete, unbeirrbar wie eh und je, seine eigene Art des Hirnkausalismus. „Ursache aller geistigen (einschließlich emotionaler) Vorgänge sind Prozesse im Hirn, die sich strukturell anatomisch, funktionell physiologisch, kurz, die sich experimentell im Labor untersuchen lassen [...] Naturwissenschaftlich wird der Mensch zum Organismus, das heißt zum komplexen Maschinenmodell mit zweckmäßigen Organen, die allesamt ein Produkt der Evolution sind. Wie radikal dieser Rückgang letztlich auf die Mittel der Physik ist, lässt die andernorts diskutierte These Singers erkennen, dass es fundamentale physikalische Sätze der Energieerhaltung verletzten würde, könnten geistige Phänomene Wirkung auf materielle Systeme ausüben [...]" Das führt zu der Frage: „Woher hat das Hirn diese physikalischen Erhaltungssätze? Ist deren Geltung ein Kulturprodukt oder in Hirnerregungsmustern zu finden?"[80]

Kommunikationswissenschaftler hingegen betrachteten (im Rahmen strukturalistischer, konstruktivistischer und systemischer Theorien) vor allem Formen der Mediennutzung sowie die daraus abgeleiteten Medienwirkungen. Sie erschienen als ergiebige Fundgruben, in denen die Teile auffindbar sein sollen, aus denen der Mensch dann wieder neu zusammengesetzt werden soll. Beide Parameter weisen aber gemeinsam einen entscheidenden Nachteil auf, sie basieren auf Hypothesen, in die moralische Kriterien eingebettet sind, obwohl sie sich auf den konsensualen Charakter von Kultur berufen.

---

[80] Janich, Peter: Menschen können Rad fahren, nicht aber Hirne, in: Frankfurter Allgemine Zeitung, Nr. 138, 16. Juni 2008, Neue Sachbücher, S. 37. Rezension zu: Wolf Singer, Matthieu Ricard: „Hirnforschung und Meditation". Ein Dialog. Aus dem Englischen von Susanne Warmuth und Wolf Singer, Frankfurt am Main: Suhrkamp, edition unseld 2008.

2.2.2 Die neue Faszination des Spiels und des Bildes vom Spieler

Im postmodernen Denken kam dem Spiel und den Spielern nach der Zerschlagung der übergreifenden Idee einer einzigen endgültigen „Wahrheit" und dem Bild vom autonomen Individuum eine zentrale Bedeutung zu. Als Basismetapher für postmoderne Lebens- und Diskursformen wurde das Spiel zum Synonym für Intensität, Spaß und Beschleunigung. Es prägte in einer Phase nachmetaphysischen Denkens, in der es „keinen substantiellen Wirklichkeitsbegriff mehr gibt, universelle Werte als rhetorische Effekte dekonstruiert werden und die Welt insgesamt als eine diskursive Konstruktion gilt"[81] ein neues Bild vom Menschen. Thomas Anz bezeichnete die „Befreiung vom Zwang, der das wissenschaftliche oder auch literarische Sprechen und Schreiben der Autorität eines einheitlichen, in sich konsistenten und verbindlichen Regelsystems unterwirft", als einen „zentrale[n] Aspekt postmoderner Lust am Spiel."[82] Diese Lust hatte Paul Feyerabend 1983 mit seinem Postulat „Anything goes"[83] geweckt und legitimiert. Methoden- und Theorienvielfalt wurden zum erstrebten Ziel seines „heiteren Anarchismus" in dem Wissenschaft und Kunst sich soweit annähern sollten, dass „man die Wissenschaften für Sammlungen von Spielereien hält, aus denen sich die Spielenden bald das eine, bald das andere Spiel auswählen"[84]

Der Entwurf eines postmodernen Menschen hatte neben dem Spiel vielerlei Facetten. Repräsentativ ist die Personenperson, die von der Bochumer Arbeitsgruppe für Sozialen Konstruktivismus und Wirklichkeitsprüfung als Basis-Metapher für den Menschen in der Postmoderne entwickelt wurde[85]. Jochen Baecker hat diese Vorstellung in die handlungs- bzw. anleitungsorientierten Disziplinen der Kommunikationswissenschaft eingeführt, wo sie intensiv benutzt wurde, sei es in der Fassung der multiphronen Persönlichkeit als multioptionalem Verbraucher oder der Theorie des chaotischen Menschen als Prototyp der Spaßgesellschaft. Aufstieg und Fall solcher Metaphern im Umkreis der Personenperson haben die Nachfolger der Bochumer Arbeitsgruppe mit zehnjährigem Abstand in zwei Arbeitspapieren zu interpretieren versucht. Herrschte 1993

---

[81] Mangold, Ijoma, TITEL in der Süddeutschen Zeitung, 11. April 2003, Seite 13.

[82] Anz, Thomas, Das Spiel ist aus? Zur Konjunktur und Verabschiedung des "postmodernen" Spielbegriffs, in: Henk Harbers (Hrsg.), Postmoderne Literatur on deutscher Sprache: Eine Ästhetik des Widerstands? (=Amsterdamer Beiträge zur neueren Germaniszik, Bd. 49 - 2000), Amsterdam (Atlanta, G.A.) 2000, S. 15-34, hier S. 23.

[83] Feyerabend, Paul: Wider den Methodenzwang, Frankfurt am Main: Suhrkamp 1975. S. 13.

[84] Feyerabend, Paul: Wissenschaft als Kunst, Frankfurt am Main: Suhrkamp 1984. S. 78.

[85] Baecker, Jochen u.a.: Sozialer Konstruktivismus, S. 131 f.

euphorische Stimmung, da neue Freiheiten greifbar schienen[86], so dominierten nur zehn Jahre später Katerstimmung und Entsetzen bei den Bochumern.[87] Zwar hielten die Neu-Bochumer, wie sie mehrfach emphatisch betonten, am Konzept der Personenperson fest, setzten jetzt aber in einer kulturpessimistischen Attitüde neue Schwerpunkte (Geldwirtschaft, Merkatokratie, dreifacher Sieg des Proletariats als Zeichen endgültigen Verfalls). Noch Friedrich Nietzsches „Unzeitgemäße Betrachtungen" aus dem Jahre 1873 diente ihnen zumindest als Titelzitat zur Bestätigung.

So erweist sich das Bild des postmodernen Menschen eher als eine eklektizistische Sammlung alter und neuer Metaphern und Projektionen denn als eigenständige Setzung. Instrumentelle und idealistische Deutungen stehen unvermittelt nebeneinander, wobei erstere in der Analyse das Nachdenken über den Menschen behindern und ihn als Opfer seiner Gene darstellen, während letztere Ausgangspunkte für grenzenlose Utopien und Visionen vom „freien" bzw. „befreiten" Menschen liefern. Die hier zentralen Metaphern vom Spiel und der Simulation haben das Problem nicht gelöst, sondern nur verlagert und eine neue Perspektive aufgezeigt. Sie sollten dazu beitragen, das Gesamtbild des Menschen erkennbarer zu machen, verstärken letztlich aber nur die Unbestimmtheit aller Begrenzungen.

2.2.3   Der Mob, die Proleten, die Prekarier

Neben diesen epochengebundenen Interpretationen des einzelnen Menschen und der dementsprechend jeweils „richtigen" kommunikativen Ansprache lassen sich aber ebenfalls epochenübergreifende Bilder vom Menschen nachweisen, die mit der gesellschaftlichen Rolle gleichzeitig die „angemessenen" Anspracheformen liefern. Die stereotypen Bilder vom Mob, den Proleten und neuerdings den Prekariern, den bildungsfernen wenn nicht sogar -resistenten Schichten bieten ausreichend Beispiele für gesellschaftliche Ausgrenzungen als Folge willkürlich gesetzter Menschenbilder. Die Verwendung vorgeprägter Menschenbilder zur Durchsetzung eigener politischer Interessen und zur Diffa-

---

[86] Bochumer Arbeitsgruppe für Sozialen Konstruktivismus und Wirklichkeitsprüfung: Zur Kulturphysiognomik von Romantik, Moderne und Postmoderne, Arbeitspapier Nr. 11, 1. Fassung: Dezember 1993, PDF-Version: März 2000, http://www.boag-online.de.

[87] Bochumer Arbeitsgruppe für Sozialen Konstruktivismus und Wirklichkeitsprüfung: Was von der Postmoderne übrig blieb, Zeitgemäße Betrachtungen, Arbeitspapier Nr. 14, 1. Fassung: August 2003, Internet: http://www.boag-online.de.

mierung von Gegnern hat sich in den unterschiedlichsten Kulturen traditionell als besonders wirksames Instrument zur Kommunikationslenkung und damit der angestrebten sozialen Ordnung erwiesen. Mit solchen Strategien lassen sich nicht nur Individuen voneinander trennen und in hierarchische Systeme einordnen, sondern auch Kollektive. Sie bieten neben Handlungsanleitungen gleichzeitig Handlungslegitimationen, die noch im Nachhinein erfolgen können[88], und dienen so, über das Individuelle hinaus, zur Trennung von Schichten und Gruppen, Ethnien, Religions- oder Glaubensgemeinschaften, im Extremfall von Unberührbaren oder Vogelfreien, aber eben auch von herkömmlichen oder selbsternannten Eliten.

Die Überschreitung der Grenzen individueller Menschenbilder und ihr Ersatz durch kollektive Bilder prägt die Kommunikation zwischen Minoritäten und Majoritäten. Die politische Geschichte und die gegenwärtigen Auseinandersetzungen zeigen, dass Bezeichnungen wie Mob, Pöbel, Pack, Proll oder Lumpenproletariat in den unterschiedlichsten Zusammenhängen als diffamierende Sammelbegriffe für bestimmte Gruppen genutzt werden, um sich von ihnen abzugrenzen und sie aus der Gesellschaft auszuschließen. Zu klären wäre vor dabei vor allem, welche Elemente aus diesen Konzepten die Massentheorie übernommen oder geprägt hat, mit welchen anderen Ideologien sie geteilt werden und welche Elemente – unabhängig von den Grundideologien – als Versatzstücke mit definierten Aufgaben bei Sozialanalysen verwendet wurden. Vor allem aber ist zu fragen, inwieweit sie zu Grundbausteinen der Kommunikationswissenschaften geworden sind.

Wie Kommunikation Wirklichkeiten erstellt und verstellt zeigt die Begrifflichkeit vom Mob in all ihren Überschneidungen. Obwohl der Mob als bestimmbare und abgrenzbare soziale Gruppe nicht existiert und auch in der Vergangenheit nicht existiert hat, besitzt das Konzept vom Mob traditionell einen erheblichen theoretischen und auch praktischen Einfluß. Es wurde und wird von allen Seiten diffamierend zur Erklärung politischer Konflikte genutzt und besitzt als Element unterschiedlichster Ideologien eine zentrale Funktion. Es verfügt daneben über ein enormes praktisches Anweisungspotential, denn mit der Einordnung und Außenbestimmung des Anderen gewinnt der Bestimmer nicht nur Macht über ihn, sondern auch die Legitimation, sie auszuüben.

Das Konzept vom Mob wirkt – wie die Verschwörertheorien – besonders plausibel und akzeptabel, weil es das Prinzip des dualen Denkens mit den elementaren Werten von Haben und Nichthaben, nützlich und unnütz, produktiv

---

[88] Vgl. Oerter, Rolf: Einleitung: Menschenbilder, a.a.O., S.1 f.

und nicht produktiv, also parasitär verbindet. Dabei folgt es nicht der wirtschaftlichen Hierarchie. Im Gegensatz zum „Lumpenproletarier", dessen herausstechendes Kriterium das fehlende Klassenbewusstsein war, hatte Ortega y Gasset in den 30er Jahren den Massenmenschen aus schicht- oder klassenspezifischen Bindungen gelöst und als eine „Menschenklasse oder -art" bestimmt, die heute in allen gesellschaftlichen Klassen vorkommt und darum charakteristisch für unser Zeitalter ist. Die Masse, so Ortega y Gasset, ist „unbelehrbar und unlenkbar. Sie ist gewalttätig und ohne Orientierung."[89] Entsprechend werden Mitglieder des Mob auch in den „höheren" Schichten, vor allem den „unproduktiven" Reichen festgestellt. Das ideologische Konzept des Mob kann vom späten 18. Jahrhundert bis zum späten 19. Jahrhundert in Europa definiert werden als eine Beschreibung der bösen, unproduktiven Minderheit, die im Gegensatz zur Tugend und Produktivität der Mehrheit, der „Leute" als einem Mittel zur Etablierung der Harmonie der Interessen mit der Mehrheit steht. In seiner einfachsten Form diktiert diese Logik, dass der Bezug auf „die Leute" für Anhänger, und „der Mob" für Gegner benutzt wird, sogar dann, wenn jede Gruppe tatsächlich eine ähnliche soziale Zusammensetzung hat.[90] Hannah Arendt definierte in ihrer Analyse der Ursprünge des Totalitarismus den Mob primär als eine Gruppe, in der die Vorurteile aller Klassen repräsentiert sind. Das mache es so leicht, den Mob mit den Leuten zu verwechseln, die alle Gesellschaftsschichten umfassen.[91]

Das Konzept Mob und der duale Code bestimmten schon seit den Anfängen der Vergesellschaftung Typologien als Zuordnungsinstrumente, denn Typologien verleihen gleichzeitig demjenigen, der Einordnungen vornimmt, Sicherheit, Überlegenheit und Macht, während der Eingeordnete seine Ohnmacht als Fremdbestimmtheit erleben muss. Die Einordnung in eine Kategorie kann wie eine Stigmatisierung wirken, sie schließt aus der Gemeinschaft aus. Dabei entsprechen Typologiebildungen dem einfachen Denken. Sie lassen Kommunikationen als ebenso berechen- bzw. vorhersagbar erscheinen wie deren Folgen und Wirkungen, vor allem reduzieren sie den Menschen auf eine rein statistische Größe.

---

[89] Ortega y Gasset, José: Der Aufstand der Massen, Stuttgart: Dt. Verl.-Anstalt 1949, S. 79, 47 und 86 (Originalausg. Madrid 1930).

[90] Vgl. Hayes, Peter: The People and the Mob. The Ideology of civil conflict in modern Europe, Westport u.a.: Praeger 1992.

[91] Vgl. Arendt, Hannah: Elemente und Ursprünge totaler Herrschaft. Antisemitismus, Imperialismus, totale Herrschaft, München-Zürich: Piper 1986 (Orig. The Origins of Totalitarianism, New York 1951).

Dabei wird das Konzept Mob, vor allem aber die polemische Gegenüberstellung vom Mob und den Leuten, auf allen Seiten des politischen Spektrums intensiv genutzt. Die „Rechten" verwenden es ebenso wie die „Linken", die Konservativen wetteifern mit den Progressiven, wenn Denunziationen der anderen erfolgen sollen. Das Konzept Mob steht im Zentrum aller totalitären Ideologien, denn der hier dominierende binäre Code moralisiert alle Kommunikation und macht sie damit weitgehend unbeantwortbar. Eine Anschlusskommunikation wird verhindert.[92]

2.3 Die Dialektik von Tätern und Opfern als Grundmetapher von Kommunikationstheorien

Kommunikation setzt immer zumindest zwei Teilnehmer voraus. Der Mensch ist als soziales Wesen nicht nur auf das Ich und die Welt der Objekte ausgerichtet, sondern ebenso stark auf das Du. Wilhelm von Humboldt erklärte den zwischen Singular und Plural stehenden Dualis in den alten Sprachen als Ausdruck des menschlichen Strebens nach Gesellschaft und die Sprache selbst als unablässliche Voraussetzung aller Vergesellschaftung. „Es liegt aber in dem ursprünglichen Wesen der Sprache ein unabänderlicher Dualismus, und die Möglichkeit des Sprechens selbst wird durch Anrede und Erwiderung bedingt." Das gilt bereits vor dem Sprechen selbst, wie Humboldt weiter zur Dialogizität von Sprache ausführt:

> „Schon das Denken ist wesentlich von Neigung zu gesellschaftlichem Daseyn begleitet, und der Mensch sehnt sich, abgesehen von allen körperlichen und Empfindungs-Beziehungen, auch zum Behuf seines blossen Denkens nach einem dem Ich entsprechenden Du, der Begriff scheint ihm erst seine Bestimmtheit und Gewissheit durch das Zurückstrahlen aus einer fremden Denkkraft zu erreichen."[93]

Diese Dimension des Miteinanders bestimmte in der jüngeren Vergangenheit, wenn auch auf einer vollkommen anderen Ebene, Paul Watzlawicks bereits zitiertes erstes metakommunikatives Axiom „Man kann nicht nicht kommunizie-

---

[92] Vgl. Luhmann, Niklas: Paradigm lost, a.a.O.; Ders.: Öffentliche Meinung, a.a.O.

[93] Humboldt, Wilhelm von: Gesammelte Schriften, hrsg. von der Königlich Preussischen Akademie der Wissenschaften, Berlin: Behr 1903-1936, Bd. 6, S. 26.

ren"[94]. Auch er als Konstruktivist hat mit diesem Grundsatz nachdrücklich unterstrichen, dass Kommunikation per se dialogisch ist. Daraus resultieren zwangsläufig generelle Gefährdungen „zwischenmenschlicher Kommunikationsabläufe", die, wie er im fünften Axiom zusammenfasst, „entweder symmetrisch oder komplementär sind, je nachdem, ob die Beziehung zwischen den Partnern auf Gleichheit oder Unterschiedlichkeit beruht."[95] Den Kommunikationsverlauf bestimmen also weniger die Suche nach Wahrheit oder die Vernunft, sondern die Bilder, die das Ego vom Alter hat. Unnötig zu sagen, dass hier Definitions- bzw. Begriffsprobleme unvermeidlich sind. Kommunikationsmodelle und -theorien streben, um verständlich zu bleiben, oft die Vereinigung von Parametern an, die letztlich nicht deckungsgleich gemacht werden können. Das Erfassen von Interaktivität läuft notwendig Gefahr, auf verkürzende Prozess-Metaphern (etwa im Sinne der deskriptiven Lasswellschen Formel) reduziert zu werden und diese wiederum auf die Suche nach Kausalitätsbeziehungen. Gerhard Maletzke hat neben der – zum menschlichen Überleben notwendigen – Reduktion von Komplexität die Neigung zu monokausalen Schlüssen als die elementaren Verführungen zum einfachen Denken, „genauer gesagt: auf das zu einfache Denken"[96] gerügt. Hierarchien werden zu Verursachern von Kommunikationsstörungen, die sie gleichzeitig legitimieren.

2.3.1 Manipulations- und Verschwörertheorien

Manipulations- und Verschwörertheorien nutzen beides, das einfache Denken und das Modell einer hierarchisch strukturierten Gesellschaft. Sie stützen sich ebenfalls auf Vorstellungen vom Menschen, die von den Massen- und Propagandatheoretikern geprägt wurden und vertreten darüber hinaus einen moralisierenden Dualismus, der alle Taten und Ereignisse gleichzeitig in die Dimensionen Kausalität und Schuld einordnet. Der Manipulationsbegriff hat ein unübersehbares Konnotationsfeld. Einerseit erscheint ein „durch Kommunikation beeinflusstes oder »manipuliertes« Handeln [...] in vielen Zusammenhängen nicht im Geringsten seltsam: Man nimmt Ratschläge von Freunden an, kleidet sich entsprechend der Wettervorhersage oder richtet sich nach ärztlichen

---

[94] Watzlawick, Paul, Janet H. Beavin und Don D. Jackson: Menschliche Kommunikation, a.a.O., S. 53.

[95] Watzlawick, Paul u.a.: Menschliche Kommunikation, a.a.O., S. 70.

[96] Vgl. Maletzke, Gerhard: Kulturverfall durch Fernsehen?, Berlin: Wissenschaftsverlag Volker Spiess 1988, S. 94-96.

Vorgaben."[97] Jede Form von schulischer Ausbildung wäre letztlich Manipulation. Andererseits tritt ein so unbefangenes, „neutrales" Verständnis von „Manipulation" in den Hintergrund, wenn über Medienmanipulation gesprochen wird. Hier geht es vielmehr um Handlungen in einem „unethischen", schädlichen Sinne mit dem Ziel einer ungewollten und oft sogar unbewussten Veränderung im individuellen Denken und Handeln. Dies kommt auch zum Ausdruck wenn man sich die Herkunft des Wortes aus dem Französischen ansieht: „Manipuler" bedeutet hier „zum eigenen Vorteil beeinflussen"[98].

Manipulieren meint hier, unterschiedliche Begriffe assoziativ zu verbinden, um eine vorher bestimmte Wirkung zu erzielen. Gotthold Ephraim Lessing demonstrierte dieses Verfahren und seine Wirkung sehr eindrucksvoll am Beispiel des Bedeutungswandels der Begriffe „Wolf" und „Lamm" in unterschiedlichen Verbindungen. Jedes dieser beiden Tiere erweckt eine Kette unterschiedlichster Assoziationen, die je nach Geschmack, Erlebnissen und Wissen des Rezipienten aufgerufen werden. Die Gegenüberstellung „Wolf" und „Lamm" erzwingt aber für beide Tiere ein Verständnis, das auf den „bösen" Wolf und das „unschuldige" Opferlamm setzt. Allein mit der Zuammenfügung dieser beiden Begriffe wird eine komplexe Situation gleichzeitig als Geschichte erzählt und als Stereotyp geprägt. Gleiches gilt für David und Goliath oder King Kong und die weiße Frau sowie viele Gegenüberstellungen in der Metaphorik moderner politischer Kommunikation.

Die Parallele zum Prozess der Mythologisierung ist unübersehbar. Der Grundduktus ist der gleiche. Roland Barthes geht in seinen „Mythen des Alltags" davon aus, dass Begriffen innerhalb der gesellschaftlichen Praxis der Sinn entzogen wird und dass sie in Form überführt werden. Objekte und Sprache werden von ihren historischen Zusammenhängen isoliert und zum Mythos stilisiert. Ergebnis ist auch hier ein Stereotyp, das immerfort reproduziert werden kann. Roland Barthes rechnet den Mythos unter die gesellschaftlichen Ideologien, da er Geschichte in Natur überführt und historisch Gewachsenes, gesellschaftlich Indiziertes als ursprünglich und unverrückbar präsentiert. Oder, wie Barthes zusammenfasst: „Der Mythos ist eine Sprache, die nicht sterben will, er entreißt dem Sinn, von dem er sich nährt, hinterlistig Dauer, er ruft in ihm einen künstlichen Aufschub hervor, in dem er sich behaglich einnistet, er macht aus ihm einen sprechenden Kadaver."[99]

---

[97] Vgl. Oßwald, Anke: Pawlows Hunde vor der Glotze – vom Manipulationsverdacht gegenüber den Medien / Sichtweisen auf Medienwirkung, UdK Berlin, Hausarbeit WS 2003/2004.

[98] Kluge, Friedrich: Etymologisches Wörterbuch der deutschen Sprache, Berlin: De Gruyter 1999, S. 538.

[99] Barthes, Roland: Mythen des Alltags. Frankfurt am Main: Suhrkamp 1971, S. 117.

Harry Pross fügte der Diskussion über Begrifflichkeit und Wirkung von Manipulation im Diskurs mit den Berliner Studenten 1968 einen weiteren Aspekt hinzu. Er definierte Manipulation als Gegensatz zur Emanzipation, wobei Emanzipation „Entlassung aus einer Gewalt" meint, während Manipulation „Zusammenfassung unter eine Gewalt" bedeutet.[100] „Manipulation ist also immer herrschaftsbezogen und stets ein Spiel mit der menschlichen Angst, aus- oder eingeschlossen zu werden [...]." Pross greift zur Kreismetapher, um diesen Zusammenhang deutlicher zu machen. „Der publizistisch Manipulierte", folgert er, „bleibt in einen Kreis eingesperrt, in dem immer andere Bilder mit immer anderen Wörtern und Begriffen wechseln, die wieder nur auf Bilder verweisen. Die Frage, ob es richtig ist, kommt nicht mehr auf."[101]

Dabei ergibt sich nach Pross die eigentliche Gefahr, dass Emanzipation – unter der Voraussetzung manipulativer Gruppen – zur Konversion, also zu einer erneuten Bindung führen kann, wobei „dem zu Konvertierenden eine neue Terminologie vermittelt [wird], die schon deshalb als emanzipativ mißdeutet werden kann, weil sie neu ist. Das Urteil bekommt einen neuen Halt. Die Drohung, ausgeschlossen zu werden aus dem Neuen, verfestigt die Terminologie." Damit sieht Pross Manipulation als Zirkel, „Denn die neue Gewalt ist nichts anderes als die umgekehrte alte Gewalt. Ein Manipulationsverhältnis hat das andere abgelöst. Von Emanzipation kann keine Rede sein, es ist ein Autoritätswechsel erfolgt, der Schritt aus einer Unterwerfung in die andere getan worden."[102]

Das manipulative Auswechseln von Bildern und Bedeutungen ist ebenso wie der Prozeß der Sebstmanipulation ein gesuchtes Werkzeug in der politischen Kommunikation, denn hier können, in der Tradition der kollektiven Menschenbilder, durch Polarisierung dauerhafte Stereotypen geprägt werden. „Begriffe besetzen" lautet dementsprechend eine Basisstrategie in politischen Kontroversen. Bereits 1973 hatte der damalige CDU-Generalsekretär Kurt Biedenkopf diese Metapher geprägt, als er Sprache nicht nur als Mittel der Kommunikation, sondern auch als ein wichtiges Mittel der Strategie bezeichnete. „Was sich heute in unserem Land vollzieht", meinte Biedenkopf, „ist eine Revolution neuer Art.

---

[100] Vgl. Pross, Harry: Die meisten Nachrichten sind falsch. Für eine neue Kommunikationspolitik, Stuttgart u.a.: Kohlhammer 1971, S. 55.

[101] Vgl. Pross, Harry: Die meisten Nachrichten sind falsch, a.a.O., S. 55 und 57.

[102] Pross, Harry: Die meisten Nachrichten sind falsch, a.a.O. S. 57: " Solches Konvertitentum gibt sich in der Art und Weise zu erkennen, wie die Bekehrten ihre individuelle und damit soziale Herkunft verleugnen. Deren Denunziation ist nötig, um den neuen Zustand zu festigen. Deshalb glauben Konvertiten, sie seien zur Selbsterhaltung emanzipiert. Sie fühlen sich jeweils als Avantgarde (der Menschheit), ob sie sich zu einer Sexual-, einer Sozial- oder einer anderen Religion bekennen."

Es ist die Revolution der Gesellschaft durch die Sprache. Die gewaltsame Besetzung der Zitadellen staatlicher Macht ist nicht länger Voraussetzung für eine revolutionäre Umwälzung der staatlichen Ordnung. Revolutionen finden heute auf andere Weise statt. Statt der Gebäude der Regierungen werden die Begriffe besetzt, mit denen sie regiert, die Begriffe, mit denen wir unsere staatliche Ordnung, unsere Rechte und Pflichten und unsere Institutionen beschreiben."[103]

Solche Versuche von Politikern oder politischen Gruppen, „die Semantik von Wörtern parteispezifisch festzulegen, um die Deutungshoheit und zugleich auch die Verwendungshoheit über diese Wörter zu erlangen"[104] stoßen allerdings schnell an ihre Grenzen, wenn unterschiedliche Konnotationen geläufig sind. Eine rein strategische Nutzung wird unwahrscheinlich, und man sollte „sinnvollerweise eher sagen, eine Partei halte einen Begriff besetzt, und darin die Folge einer Gemengelage von Handlungen, Ereignissen und vielleicht sogar Zufälligkeiten sehen. Begriffebesetzen sollte man nicht als Handlungsmuster institutionellen politischen Handelns auffassen."[105]

Manipulation in diesem Sinne ist zweckgerichtet und mit bestimmten Interessen verbunden. Nahe liegende Begriffe sind daher auch Verführung, Überredung, Kontrolle bis hin zu Gehirnwäsche. Manipulation verweist ebenso wie die im Umkreis nachweisbaren kommunikativen Praktiken immer auf zwei entgegengesetzte Aspekte, die dem Menschenbild gemäß dem binären Code entsprechen. Sie erweist sich als ebenso perfekte Legitimations- wie Delegimitationsstrategie. Sie aktiviert gleichzeitig Ohnmachtsgefühle und Allmachtsphantasien und ist immer gleichzeitig Symbol für die Macht des Menschen über den Menschen und gleichzeitig seiner unterstellten Ohnmacht.

Einerseits wird Manipulation mit ihren Opfern verbunden, die stereotyp als hilflos dunklen Machenschaften ausgelieferte Reflexamöben dargestellt werden. Andererseits werden mit dem Begriff Manipulation aber auch die Täter erfasst, die omnipotenten Manipulateure, skrupellose Macher, die den Menschen ihren Willen aufzwingen und sie an jeden gewünschten Ort bringen. Dementsprechend oszilliert auch das Selbstbild zahlreicher Kommunikatoren zwischen diesen beiden Extremen, zwischen dem Allmachtsgefühl als Manipulator Menschen zu Meinungen und Handlungen zu bringen, die sie eigentlich

---

[103] Biedenkopf, Kurt: Bericht des Generalsekretärs, in: CDU (Hrsg.), 22. Bundesparteitag der Christlich Demokratischen Union Deutschlands. Niederschrift, Hamburg 18. 20. November 1973, S. 63.

[104] Girnth, Helko: Sprache und Sprachverwendung in der Politik Eine Einführung in die linguistische Analyse öffentlichpolitischer Kommunikation. Tübingen: Germanistische Arbeitshefte, Nr. 39, 2002, S. 63.

[105] Kuhn, Fritz: "Begriffe Besetzen". Anmerkungen zu einer Metapher aus der Welt der Machbarkeit, in: Liedtke, Frank, Marting Wengeler und Karin Böke (Hrsg.), Begriffe Besetzen. Strategien des Sprachgebrauchs in der Politik, Opladen: Westdeutscher Verlag 1991, S. 103.

nicht wollten, und als Manipulierter vorgegebenen Anweisungen zu folgen, die dem eigenen Wollen entgegenstehen. Die Überzeugung, manipulieren zu können bzw. ohne Möglichkeit zur Gegenwehr, ja fast ohne es zu bemerken, manipuliert zu werden, impliziert ein Weltbild, in dem alle Ereignisse Ergebnis einer bewussten Manipulation sind und Menschen durch Menschen fremdgesteuert werden. Verschwörungstheoretiker nutzen diesen Glauben. Sie suggerieren, genau zu wissen, wer die Verschwörer sind und was sie treibt. Sie schaffen damit zugleich Sündenböcke, die letztlich für alles verantwortlich sind. Da Manipulation von Menschen betrieben wird, agieren diesen Theorien zufolge Verschwörer als dunkle Mächte im Verborgenen, um ihre Interessen gegen das Allgemeinwohl durchzusetzen. Unerkannt aber einflussreich sitzen sie an den Schalthebeln der Macht und üben im Geheimen ihr Handwerk aus. Meist nur in vagen Beschreibungen fassbar: das Kapital, die Fundamentalisten, die Pharmaindustrie, die da oben ... „Verschwörungstheorien sind so attraktiv", schrieb Jochen Bittner in der Zeit, „weil sie das Leben leichter machen. Verwirrendes wird logisch, Vages wird zur Gewissheit. Lady Di musste sterben, weil sie einen Araber heiraten wollte. Möllemann hat der Mossad umgelegt. Hinter Sars stecken BiowaffenViren."[106]

Verschwörertheorien wurden dementsprechend in der Geschichte immer wieder genutzt, um andere Gruppen, Ethnien, Religionen zu diffamieren und Aggressionen auf sie zu lenken. Das bekannteste Beispiel sind wohl die von Antisemiten immer wieder benutzten „Protokolle" oder „Geheimnisse der Weisen von Zion". Sie wurden zwar immer wieder als Fälschung entlarvt, das hat ihre Verbreitung aber ebensowenig eingeschränkt wie ihre Akzeptanz in den entsprechenden rechten, völkischen oder fundamentalistischen Zirkeln und die daraus resultierenden agitatorisch-mobilisierenden Wirkungen.

Gegenwärtig haben Verschwörertheorien wieder Konjunktur. Verschwörungstheoretiker präsentieren sich überwiegend als investigative Journalisten. Sie stellen Fragen, die suggestiv sind und bereits eine Antwort enthalten, was nach Luhmann der „Verschmelzung von Thema und Meinung [entspricht], die Kommunikation unbeantwortbar und damit manipulativ macht".[107] Verschwörungstheoretiker leben als Parasiten des investigativen Journalismus, dessen Aufklärungs- oder Enthüllungsfunktion sie pervertieren, indem sie das Kausalitätsdenken im Namen der Plausibilität an seine absurden Grenzen führen.

---

[106] Bittner, Jochen: Blackbox Weißes Haus. Je komplizierter die Weltlage, desto fester glauben die Deutschen an Verschwörungstheorien, in: Die Zeit, Nr. 31, 2003, S. 5.

[107] Luhmann, Niklas: Öffentliche Meinung, a.a.O., S. 315.

2.3.2   Populismus: „Wahrheit" oder „Appell an niederste Instinkte"?

Populisten zeichnet hingegen aus, dass sie alle Aussagen an den vorhandenen – oder eben unterstellten – Erwartungshaltungen ihres jeweiligen Publikums ausrichten. Sie verachten den Menschen, indem sie vorgeben, ihn ernst zu nehmen. Das gilt für alle Nutzer dieser Kommunikationsform, auch wenn damit immer impliziert ist, diese rhetorische Form werde vom jeweiligen politischen Gegner missbraucht. Damit verkehren Populisten Luthers kommunikatives Credo ins Gegenteil und führen es ad absurdum. Gleichzeitig setzen sie Stereotype in ihre Argumentationen ein, deren Akzeptanz als Grundlage des übergreifenden Sinnkonstruktes dient. Alle Formen des einfachen Denkens werden aktiviert, Ideologien als Motivatoren benannt, aber letztlich bleibt die Ambivalenz erhalten.

Populisten erheben darüber hinaus den Anspruch, allein im Besitz der Wahrheit zu sein, sie zu verkünden und der Vernunft zu folgen, während ihre Gegner ihnen vorwerfen, an die „niederste Instinkte" ihres Publikums zu appellieren und atavistische Bedürfnisse zu bedienen. Auseinandersetzungen über den Populismus sind immer Konfrontationen von zwei antagonistischen Deutungen des Menschen, die sich in allen Kontroversen im Rahmen persuasiver Kommunikation nachweisen ließen.

Wie die Verschwörungstheoretiker berufen auch Populisten sich auf „die Wahrheit", die sie in ihrem Sinne verabsolutieren und dabei das Pseudokriterium Plausibilität zum Angelpunkt ihrer Argumentation erheben. Die Vernunft wird dabei sukzessive simuliert. Sie wird durch quantitative Dimensionen ersetzt, sei es indem die empirisch messbare Akzeptant (Quoten) an ihre Stelle tritt, sei es indem Mehrheitsmeinungen mit Vernunft gleichgesetzt werden und die Gleichung vox populi vox dei neue Aktualität gewinnt. Letztlich können alle Aussagen populistisch gehalten werden und der Vorwurf Populist zu sein, der immer unterschwellig den Vorwurf der Manipulation und des Rechtsextremismus mitschwingen lässt, wird in Wahlkämpfen von allen gegen alle erhoben.

Der Hauptvorwurf gegen Populisten bezieht sich auf ihr reduziertes Menschenbild, das den Menschen (wie in der Massentheorie) als Triebwesen begreift, das von seinen „niedersten Instinkten" (der „Massenseele") geleitet wird und den Medien hilflos ausgeliefert ist. In diesem Bild wird eine Interaktion zwischen Emotionen und Kognitionen als zu vernachlässigend ausgeblendet und durch die unterstellte absolute Dominanz von Emotionen ersetzt. So perpetuiert dieses Bild zahlreiche Elemente des unmündigen Rezipienten, der nur über einen „beschränkten Untertanenverstand" verfügt, der „nicht wollen kann", der antiintellektuell ist und sich nach „einem Führer sehnt". Die charismatische Persönlichkeit wird gesucht und die unverrückbare Ordnung von Massen und Eliten zementiert. Damit sind in dieser Technik öffentlicher Kommunikation die zeitlosen Grundstrukturen der Propagandatheorie enthalten, die auf einem unverrückbaren Bild vom Menschen aufbauen.

3 Menschenbilder und kommunikatives Handeln

3.1 Individuelle und gesellschaftliche Konfliktlösungen durch Kommunikation

Nachdem Kommunikations- und Informationswissenschaften spätestens in der Postmoderne zu Schlüssel- und Leitwissenschaften erhoben worden waren, galt Kommunikation als allgegenwärtig und allmächtig. Die neu verfügbaren Kommunikationstechnologien und die auf ihnen aufbauenden neuen Wirtschaftssysteme verstärkten diese Maßlosigkeit. „Kommunikation", schrieb Karl Otto Hondrich in seinem „Neuen Menschen", „gibt es, seit es Lebewesen gibt. Das Kommunizieren über Kommunikation ist jüngeren Datums. Ganz neu ist das Loblied auf die Kommunikation – weltweit."[108] Die „geheimen Verführer" outeten sich als „offene Verführer". Werber wollten nicht mehr wie Hans Domizlaff heimlich „ins Gehirn der Masse kriechen"[109] sondern nutzten offen und eloquent die „sanfte Diktatur"[110] der Medien und des Konsums. Kultur verwandelte sich unter der Hand in eine Kultur der Dinge und Waren, wie Andrew Wernick sie porträtiert hatte. Es ist eine Kultur, in der jedes Ding als Ware werbend auf ein anderes verweist und damit wie in einem Spiegelkabinett einen Prozess unendlicher Redundanzen provoziert. Wernick formulierte abschließend die Einsicht, „daß Werbung (advertising) nicht nur ein wirtschaftliches Phänomen ist und auch nicht, wie letzteres, einfach das Produkt eines spezifizierten Kommunikationsapparates. Promotion war eine rhetorische Form, die sich durch unsere Kultur zieht. Als solche hat sie nicht nur die symbolischen

---

[108] Hondrich, Karl O.: Der Neue Mensch, Frankfurt am Main: Suhrkamp 2001, S.139.

[109] Vgl. Gries, Rainer, Volker Ilgen und Dirk Schindelbeck: Ins Gehirn der Masse kriechen.Werbung und Mentalitätsgeschichte, Darmstadt: Wissenschaftliche Buchgesellschaft 1995.

[110] Vgl. Toscani, Oliviero: Die Werbung ist ein lächelndes Aas (Originalausg. La Pub est une charogne qui nous sourit, Paris; Ed. Hoëbeke 1995), Mannheim: Bollmann 1996.

und ideologischen Inhalte unserer Kultur geformt, sondern ebenso ihren Ethos, ihr Erscheinungsbild und ihre Verfassung."[111]

Kommunikatoren beanspruchten, Prozesse und Wirkungen, Erwartungshaltungen und Rezeptionsformen vorauszusehen und vorherbestimmen zu können. Das meinte letztlich, Kommunikationsprozesse seien lenkbar und beherrschbar. Der Mensch, vermessen, durchschaubar gemacht, willenlos und an seinen schwachen Seiten packbar, wurde wieder zu formbarem Lehm, der in die Theorie eingepasst werden sollte. Es schien ein Spiel zu sein, dessen Regeln offen wurden. Allmachtsphantasien von Kommunikatoren und Wissenschaftlern wurden zu unvermeidbaren Begleitern einer funktionalistisch verstandenen Kommunikationswissenschaft und -praxis einer Gesellschaft, in der alle Probleme und Kontroversen als Kommunikationsunfälle begriffen wurden, die durch „richtige" Kommunikation hätten verhindert werden können, auf jeden Fall aber durch kommunikatives Krisenmanagement zu bereinigen sind. Dementsprechend erschien Kommunikation in den 90er Jahren zunehmend als ein magisches Passepartout, das gleichzeitig Zugang zu allen individuellen und gesellschaftlichen Problemen und deren Lösung versprach.

Diese Überzeugung, gesellschaftlich erwünschte Wirkungen mit dem geringstmöglichen signalökonomischen Aufwand geplant herbeiführen zu können und gleichzeitig dafür größtmögliche Akzeptanz herzustellen, schien die Übertragung kommunikativer Planungen und kommunikativer Handlungen in der Öffentlichkeit an „Kommunikationsexperten" (Kommunikationsberater, Medienberater, Krisenmanager, Spin-Doktoren, Sprecher usw.) nicht nur zu rechtfertigen, sondern ließ sie als Notwendigkeit erscheinen. Die Beauftragung ausgebildeter Spezialisten spiegelt dabei den Wunsch, symbolische Politik öffentlich als kommunikative Prozesse zu inszenieren. Sie resultierte aus der Hoffnung (wenn nicht Überzeugung) vieler postmoderner Kommunikationstheoretiker, alle Konflikte und Krisen in dieser Welt seien durch Gespräche zu überwinden. Grundlage solcher Krisenkommunikationen wurde das jeweilige Menschenbild im Spannungsbogen zwischen Anspruch und Realität, wobei es vorwiegend um seine neu entdeckten Facetten ging, geprägt durch die Dimensionen Spiel und Freiheit, Viabilität statt Letztbegründung.

Die neue Kaste professioneller Kommunikatoren in Politik und Wirtschaft blieb weitgehend einem instrumentellen Denken verhaftet. Gespräche sollten als multifunktionale Steuerungsinstrumente genutzt werden. Auftrags-

---

[111] Vgl. Wernick, Andrew: Promotional Culture. Advertising, Ideology and Symbolic Expression, London u.a.: Sage Publications 1991, S. VII.

kommunikationen, bisher zu Unrecht weitgehend als Domäne der Marketingkommunikation betrachtet, gewannen in allen Bereichen öffentlicher und halb-
öffentlicher Organisationen und Unternehmen Vorrang. Doch wenn Regierungssprecher und Berater sich vorrangig als Kommunikationsexperten begreifen, müssen Spitzenpolitiker, nach Bentele, „»funktionale« Kommunikatoren
sein, das heißt sie fungieren im Rahmen ihrer Tätigkeit als Politiker zu einem
hohen Prozentsatz vor allem als öffentliche Kommunikatoren."[112]
      Die Strukturierung und der strategische Aufbau der Kommunikation
sollten immer unter Berücksichtigung vorhandener Erwartungshaltungen erfolgen, wie Tony Blairs Theorie vom Third Way oder die in Deutschland in direkter Zusammenarbeit mit britischen Kollegen 1997 von der SPD entwickelte Politik der neuen Mitte vorsah. Diese Strategien wurden auch außerhalb von
Wahlkämpfen im Sinne politischer Krisenkommunikation genutzt. Ein gutes
Beispiel gab Anfang Juni 2003 der damalige Regierungssprecher Béla Anda,
der als „Vorwärtsverteidigung" mit einer Kampagne die vehement gesunkene
Zustimmung zur Politik des Kanzlers Schröder wieder anheben wollte und in
einem Runderlass sämtliche Ministerien aufforderte, „für »politisch wichtige
Vorhaben« gleichzeitig auch umfassende Kommunikationskonzepte vorzule-
gen. So sollen die PR-Leute der Ressorts dem Regierungssprecher künftig etwa
die »Einschätzung der Problemlage in der Bevölkerung« inklusive Daten aus
der Meinungsforschung, die »Darstellung möglicher kommunikativer Probleme
und Gegenpositionen« und eine »Definition und Begründung der Ziele, Kern-
aussagen, Medien und Zielgruppen« vorlegen, und zwar »spätestens vier Wo-
chen vor der geplanten Kabinettbefassung«."[113]
      Letztlich wird der mögliche Dialog durch die Anpassung einer Aussage
an die Erwartungshaltungen des jeweiligen Publikums ersetzt. Vernunft, oder
wenigstens Gesprächslogik, reduziert sich auf die Verwendung der jeweils angemessenen Theorie und des entsprechenden Codes. Der jeweilige (zufällige)
Kommunikator „übersetzt" die Aussage eines Anderen (des zufälligen Auftraggebers) entsprechend signalökonomischer Grundanforderungen, um eine möglichst große Aufmerksamkeit und daraus resultierende Wirkung zu erzeugen.
Der amerikanische Kommunikationswissenschaftler James W. Carey meinte
1969: „Ein professioneller Kommunikator ist ein Symbol-Makler, der Einstellungen, Wissen und Besorgnisse einer Sprachgemeinschaft (einer kommunalen

---

[112] Bentele, Günter: Inszenierung als Kulturtechnik. Warum die moderne Gesellschaft ihre Spin Doctos
braucht, in: Vorgänge. Zeitschrift für Bürgerrechte und Gesellschaftspolitik, 41. Jg., Nr. 2, 2002, S.
55-58, hier S. 56.

[113] Panorama, Deutschland, Andas Vorwärtsverteidigung, Der Spiegel, Nr. 27, 2003, S. 19.

Einheit) in alternative, aber überzeugende und verständliche Begriffe einer anderen Sprachgemeinschaft (Gruppe) übersetzt."[114]

Populisten kehrten diesen Prozess um, indem sie Kommunikatoren aussprechen ließen, was gemeinhin als unaussprechbar ausgeblendet wurde. Das war zwar nicht das, was alle Leute dachten, wie die Populisten behaupteten, oft aber das, was als politisch inkorrekt galt und ein Ventil suchte. Symbolische Politik stellt so die Performanz vor die Kompetenz und vernachlässigt die inhaltliche Dimension. Sie folgt der Erkenntnis, „dass den Menschen die Beteiligung an Kommunikation wichtiger ist als die Information". Das korrespondiert nach Norbert Bolz mit dem „Glück der Anschließbarkeit". Oder: Kommunikation kommuniziert Kommunizieren. Reden wir miteinander. Geht es doch vor allem um die „Lust an der Fortsetzung, um das Glück der Anschließbarkeit. [...] Kulturanthropologen wussten schon immer, dass kein anderes Spiel den Menschen so sehr fesselt wie die Kommunikation."[115]

In der Politik wurde symbolischer Kommunikation wie im Marketing zunehmend die Aufgabe übertragen, Sachaussagen zu ersetzen und Identifikationen bzw. Wir-Gefühle zu erzeugen. Der Kommunikations- und Wahlkampfstratege Matthias Machnig hat die Diskrepanz zwischen symbolischen und realen Bedeutungen von Sprache am Begriff „Mitte" exemplifiziert, als er Ende 2009 rückblickend bekannte: „Mitte, das war ein strategischer Begriff, für die Kommunikation nach außen. Das Problem war, dass es Leute gab, die das als inhaltliche Dimension mißverstanden haben." Versteht man das richtig, folgerte Christoph Hickmann im Spiegel, „ist die SPD ein Jahrzehnt lang einem grandiosen Missverständnis hinterhergelaufen."[116]

Wirtschaftswissenschaftler wandten sich primär kommunikativen Motivations- und Konfliktlösungsstrategien zu. Damit gewann in beiden Bereichen die Analyse der jeweils zugrunde liegenden Menschenbilder erhöhte Aufmerksamkeit. Im Mittelpunkt der wirtschaftswissenschaftlichen Forschung stehen gegenwärtig die Begriffe Kommunikation und Organisation. Das forderte zu einer Erweiterung des interdisziplinären Zusammenarbeit mit anderen Wissenschaften auf, wobei insbesondere die Sozialwissenschaften neben der klassischen Wirtschaftspsychologie an Bedeutung gewannen. Anlass und Ausgangspunkt des neu erwachten Erkenntnisinteresses bildete die Einsicht, Kommunika-

[114] Carey , James W.: The Communications Revolution and the Professional Communicator, in: Paul Halmos, The Sociology of Mass Media Communicators, The Sociological Review: Monograph, Nr. 13, Keele 1969, S. 29 (Übers. B.R.).

[115] Bolz, Norbert: Wirklichkeit ohne Gewähr, in: Der Spiegel, Nr. 26, 2000, S. 130 f.

[116] Hickmann, Christoph: Der Meister der Mitte, in: Der Spiegel, Nr. 48, 2009, S. 30-31, hier S. 31.

tion müsse als wichtige, wenn nicht sogar ausschlaggebende Dimension aller
theoretisch-wissenschaftlicher Auseinandersetzungen mit den Strukturen der
Wirtschaft begriffen werden.

Das führte zu einem erhöhten Interesse am Menschen und an den Vorstellungen, die Menschen sich von Menschen machen. In neueren Forschungs-
ansätzen wurden Unternehmen zunehmend gleichzeitig als wirtschaftliche und
als soziale Organisationen analysiert, die weder mit rein kausalem Denken erklärt noch mit rein funktionalen Werkzeugen geführt werden konnten. Ethik
wurde ins Arsenal der Lenkungstechniken integriert. Dieses Interesse wurde
weiter durch die Tatsache verstärkt, dass Kommunikation und Information in
der Dienstleistungsgesellschaft zunehmend an Bedeutung gewonnen haben. Das
belegt die Zunahme von Untersuchungen in denen wirtschaftwissenschaftliche
und kommunikationswissenschaftliche Fragen und Methoden verbunden werden, wie etwa die Studien über Menschenbilder in der Wirtschaft von Mayo und
Roethlisbergers Hawthorne-Studien[117] über die Typologien Edgar Scheins[118]
bis zu den neueren kritischen Ansätzen von Ulrich[119], Matthiessen[120], Bader[121]
und den Zusammenfassungen von Woll[122] belegen.[123]

3.1.1   Theorien und Konzepte kommunikativen Handelns

Die Diskurse in der gegenwärtigen Kommunikationswissenschaft verlaufen im
Spannungsbogen zwischen empirischen Bestandsaufnahmen zur Bestimmung
noch genauerer Zielgruppen bzw. Typologien und Lebenswelten auf der einen
und dem Appell an die Vernunft, die sich im Gespräch notwendig durchsetzt,
auf der anderen Seite. Zwischen Ratgeberliteratur und Metakritik erstreckt sich

---

[117] Mayo, Elton: The Social Problems of Industrial Civilisation, Boston 1945.

[118] Schein, Edgar H.: Organizational Psychology, 2. Aufl., New Jersey 1970.

[119] Vgl. Ulrich, Peter: Symbolisches Management. Ethisch-kritische Anmerkungen zur gegenwärtigen Diskussion über Unternehmenskultur, in: Charles Lattmann (Hrsg.), Die Unternehmenskultur. Ihre Grundlagen und ihre Bedeutung für die Führung der Unternehmung, Heidelberg:
Physica-Verlag 1990, S. 277-302

[120] Matthiesen, Kai H.: Kritik des Menschenbildes in der Betriebswirtschaftslehre. Auf dem Weg zu
einer sozialökonomischen Betriebswirtschaftslehre, (= St. Galler Beiträge zur Wirtschaftsethik,
Bd. 14), Bern, Stuttgart und Wien: Paul Haupt 1995, S. 109.

[121] Bader, Wolfgang: Neues Menschenbild für die Ökonomie. Interdisziplinäre Fundierung neuer
Menschenbilder aus ökonomischer Sicht (= Schriftenreihe Wirtschafts- und Sozialwissenschaften, Bd. 24), Ludwigsburg und Berlin: Verlag Wissenschaft & Praxis 1994, S. 25 f.

[122] Woll, Helmut: Menschenbilder in der Ökonomie, München und Wien: Oldenbourg Verlag 1994.

[123] Vgl. den Beitrag von Friederike Schultz im vorliegenden Band.

ein weites Feld, auf dem die Diskurse der Vertreter der Kommunikation über Kommunikation (Metakommunikation) und die Verfechter thematischer (inhaltsbezogener) Diskurse miteinander konkurrieren. Einen Schwerpunkt bilden dabei noch immer die Auseinandersetzungen über persuasive Kommunikationsformen von der Werbung bis zur Propaganda, von der Medienkritik bis zu Kommunikator- oder Rezipientenschelten. Die Theorie, dass die Vernunft, wie Habermas meinte, sich im Dialog notwendig durchsetzen werde, hat – abgesehen von Vertretern einer teleologischen Weltsicht – viele Anhänger verloren, was nicht zuletzt sowohl auf die Negierung des freien Willens durch die Vertreter der Hirnforschung zurückzuführen ist als auch auf die Wiederentdeckung irrationaler Strukturen im modernen Menschen, die ihn für Mythen, Magie und Mystik empfänglich machen.

Diese irrationalen Eigenschaften des Menschen – der weder eine Blackbox noch eine triviale Maschine und auch kein planbares System ist – bildeten konsequenterweise die Grundlagen aller Theorien und Konzepte kommunikativen Handelns, die sich nach der Krise des Ersten Weltkriegs, wie oben gezeigt, stürmisch entwickelten. Viele von ihnen hatten die dezidierte Aufgabe, aktuelle gesellschaftspolitische Probleme zu lösen und wurden unmittelbar in die Praxis umgesetzt. So unterstrich bereits der Untertitel Vorschläge und Forderungen zur wissenschaftlichen Lösung eines sozialen Grundproblems, den Martin Mohr 1919 seinen unter dem Titel Zeitung und neue Zeit[124] veröffentlichten, gesammelten Propaganda-Erfahrungen vorangestellt hatte, den Nachdruck, den seine Generation auf die Suche nach neuen effizienten medialen Sozialtechniken legte. Mohr (ab 1924 Leiter des Berliner Institut für Zeitungswissenschaft) hat sich 1919 ausdrücklich auf seine Erfahrungen „in der Warschauer Presseabteilung und im Zeitungswissenschaftlichen Institut, das bei der Presseabteilung eingerichtet wurde"[125] berufen.

Ein Jahr später, 1920/21, legte der Münsteraner Soziologe Johann Plenge mit seiner „Deutschen Propaganda" eine weitaus elaboriertere Theorie vor, die dezidiert als Grundlage des aktuellen Ruhrkampfes dienen sollte. Er hatte sie während des Ersten Weltkrieges ausgearbeitet und ging, wie Mohr und die überwiegende Anzahl von deutschen Kommunikationsforschern, von der Überzeugung aus, die Niederlage des deutschen Heeres sei durch ein Propagandadefizit verursacht worden. Mohr hatte Propaganda als des deutschen Volkes sie-

---

[124] Mohr, Martin: Zeitung und neue Zeit. Vorschläge und Forderungen zur wissenschaftlichen Lösung eines sozialen Grundproblems, München und Leipzig: Duncker & Humblot 1919.

[125] Mohr, Martin: Zeitung und neue Zeit, a.a.O., S. VII.

bente Waffe definiert[126], Plenge suchte die Grundlagen einer zeitgemäßen Propaganda und ersetzte den Begriff der Vernunft durch den Begriff einer voluntaristisch bestimmten Idee. Dieser Bezug auf die Idee als Ersatz für Vernunft und Wahrheit hat sich in der Folge als Leitthema in der Geschichte der modernen Propaganda, ihrer Begründungen und ihrer Nutzung behauptet. Beispielhaft zeigt das Plenge selbst, der sich als einen „nationalen Sozialisten" begriff.[127] Er bezeichnete in seinen theoretischen Definitionen die neue Kommunikationstechnik „Propaganda" als unverzichtbaren Teil der Praxis der Gesellschaftslehre, die wiederum als Organisationslehre definiert ist. Eine Organisation, schreibt Plenge, „kann durch Herrengewalt erzwungen werden oder die Einzelnen müssen bei ihren Interessen, bei ihrer Gesinnung geweckt werden, daß sie freiwillig und aus Überzeugung in gemeinsamer Arbeit in und an der Organisation mitwirken. Aus Interesse oder aus Gesinnungsüberzeugung." Plenge forderte „Willenschaft" statt „Wissenschaft". Propaganda wird zum „energetischen Imperativ", den Plenge dem Kant`schen Imperativ entgegenstellt.

Die Vorrangstellung der Idee in Plenges Gesellschaftslehre führt direkt zur Forderung nach einer Propaganda der Ideen, denn „die Idee [steht] über allem. Die Idee schafft die Organisation, wenn sie sich durch Propaganda auswirkt, und hält die Organisation lebendig, wenn sie durch Erziehung und Werbung dauernd an alle einzelnen herangetragen wird [...]". Einer der Kernsätze Plenge lautet zwar: „Die Theorie als solche hat zunächst versagt", doch letztlich ist der Mensch mit seinem falschen Verhalten schuld. „Der tiefste Grundfehler", schreibt Plenge, „liegt vielleicht in der individualistischen Grundeinstellung der Bürgerlichen Gesellschaft und ihrer Wissenschaft. Man ist so ganz darauf eingestellt, das Individuum in seiner Selbständigkeit zu sehen. Es ist noch nicht selbstverständlich geworden, mehrpersönlich zu erleben und alle Einzelswillenbildung in die soziale Willensbildung hineinzustellen." Demzufolge sollte die Propaganda beim Menschen ansetzen. Er muss erzogen werden und Erziehung meint Plenge, gründet auf Befehl, Bitte und Ratschlag als Kategorien sozialer Interaktion, die zur Errichtung von Hierarchien beitragen. Diese Über- und Unterordnungsdispositionen zu schaffen, ist ebenfalls Aufgabe der Propaganda.

Die späteren Debatten über die Rolle der Zeitungswissenschaftler in der NS-Zeit haben sich dementsprechend allzu lange auf den isolierten Propagandabegriff

---

[126] Mohr, Martin: Zeitung und neue Zeit, a.a.O., S. 9.
[127] Plenge, Johann: Deutsche Propaganda, a.a.O.

und die verwandten Techniken konzentriert. Sie provozierten unter diesem Blickwinkel zahlreiche umfassende Analysen[128], wobei allerdings Tendenzen zur Verabsolutierung einzelner Aspekte, etwa der Unfähigkeit des Menschen, Propaganda zu widerstehen, nicht nur sehr stark betont wurden, sondern gleichzeitig auch als reinigendes Purgatorium dienten, wie z.b. Walter Hagemann 1948 in einer der ersten Analysen der NS-Publizistik demonstrierte: „Es erscheint geboten, mit den verantwortlichen publizistischen Steuerleuten des Dritten Reiches streng ins Gericht zu gehen, nicht aber mit denen, die mittelbar oder unmittelbar dieser Steuerung gefolgt oder verfallen sind; gibt es doch niemanden, der von sich behaupten könnte, daß er zu keiner Stunde und in keiner Beziehung, weder bewußt noch unbewußt, den Erfindungen, Tricks oder Lockungen der NS-Lenkung jemals erlegen wäre."[129]

Plenges Positionierung der Propaganda zwischen Befehl und Bitte ist eine strikte Abwendung vom liberalen Modell des frei entscheidenden Individuums. Der Staat – als Organisation unterschiedlicher Bereiche – wird so zur großen Organisation, von Ideen geleitet, vom Willen bestimmt. Propaganda führt zu einer unbewussten Beeinflussung durch die Präsentation von Werten und Normen, Verhaltensweisen und äußerlichen Merkmalen. Entsprechende Vorstellungen dominierten bis in die jüngere Vergangenheit in den Führungs- und Motivationstheorien der Betriebswirtschaftler. Schon Ende der 1930er Jahre hatte der selbsternannte Markentechniker Hans Domizlaff in seiner Arbeit über Die Gewinnung des öffentlichen Vertrauens diese Techniken in den Bereich der Marketingkommunikation übertragen. Noch in der Ausgabe von 1951 faßte er sein Menschenbild als kurzes Resümé in den Satz: „Die Menschen sind zu 99 Prozent keine Vernunftwesen, sondern denkunfähige Geschöpfe, die Naturtrieben unterworfen sind."[130] Domizlaff begriff sich, wie die Werbung bis in die

---

[128] Vgl. z.B. Hachmeister, Lutz: Theoretische Publizistik. Studien zur Geschichte der Kommunikationswissenschaft in Deutschland, Berlin: Spiess 1987; vgl auch Kutsch, Arnulf (Hrsg.): Zeitungswissenschaftler im Dritten Reich. Sieben biographische Studien, Köln 1984; Vom Bruch, Rüdiger und Otto B. Roegele (Hrsg.): Von der Zeitungskunde zur Publizistik. Biographisch-institutionelle Stationen der deutschen Zeitungswissenschaft in der ersten Hälfte des 20. Jahrhunderts, Frankfurt am Main 1986; Bussemer, Thymian: Propaganda: Konzepte und Theorien, Wiesbaden: VS Verlag 2005.

[129] Hagemann, Walter: Publizistik im Dritten Reich. Ein Beitrag zur Methodik der Massenführung, Hamburg: Hansischer Gildenverlag 1948, S. 10.

[130] Domizlaff, Hans: Die Gewinnung des öffentlichen Vertrauens. Ein Lehrbuch der Markentechnik, 2. Aufl., Hamburg: Hans Dulk Verlag, 1951, S. 310. [Originalausg. 1939].

jüngere Vergangenheit, als geheimer Verführer. Werbung, meinte er, sei nur dann wirksam, wenn sie nicht als solche erkannt wird.[131] Dieses Denken – Wunsch oder Oktroy – prägte seit den späten 50er Jahren die langanhaltenden Auseinandersetzungen über subliminale Werbung. Sie verdeutlichen dabei noch einmal den sich hartnäckig haltenden Glauben an die Lenkbarkeit des Menschen. 1957 hatte der Journalist Vance Packard in seinem Bestseller „Die geheimen Verführer" über die angeblich von James M. Vicary, dem Inhaber der New Yorker Werbeagentur „Subliminal Projection Co.", entwickelte Technik der subliminalen Beeinflussung in der Werbung berichtet. Vicary stellte den Menschen als extrem manipulierbar dar, wie die Ergebnisse der „Iss-Popcorn-trink-Cola-Studie" zu beweisen schienen. Während eines Films sollen für Sekundenbruchteile (weniger als 3 Millisekunden) Werbebotschaften wie „Trinkt Coca Cola!" oder „Esst Popcorn!" gezeigt worden sein. Packard behauptete, diese nicht bewusst wahrnehmbaren Werbeeinblendungen hätten den Verkauf Coca Cola um 18,1 % und den Verkauf von Popcorn um 57,7 % gesteigert. Die Studie wurde zwar schon 1962 als Fiktion entlarvt. Das Experiment hat nie stattgefunden.

Das dahinter stehende Menschenbild – und die mit ihm gegebene Möglichkeit, den Menschen zu beeinflussen bzw. zu lenken – erschien hingegen äußerst glaubhaft und wurde nicht nur von Verschwörungstheoretikern weiter diskutiert, sondern führte über die USA hinaus zu staatlichen Verboten subliminaler Werbung. Auf jeden Fall gehört diese Theorie mittlerweile zu den Mythen des modernen Alltags, hat aber die Diskussionen über Werbung und die unterstellte Hilflosigkeit des Menschen gegenüber Werbung entscheidend mitgeprägt.[132]

3.1.2 Simulationen der Vernunft

In den skizzierten Ansätzen wurde immer wieder der Anspruch erhoben, bei der Verbreitung und Durchsetzung der „eigenen" Wahrheiten vernünftig zu handeln.. Wenn auch ein Konsens darüber, was Vernunft ist, gegenwärtig fast un-

---

131 Vgl. Domizlaff, Hans: Typische Denkfehler der Reklamekritik. Die Kunst erfolgreicher Werbung, in: Ders., Die Gewinnung des öffentlichen Vertrauens. Ein Lehrbuch der Markentechnik, Hamburg: Marketing Journal 1992, S. 325-528.

132 Vgl. insbesondere: Brand, Horst W.: Die Legende von den geheimen Verführern, Stuttgart: Beltz 1978; Ders.: Unterschwellige Werbung. Neun Thesen, hrsg. vom Zentralverband der deutschen Werbewirtschaft ZAW e.V., 1988.

möglich erscheint und die Überzeugung, die Vernunft werde sich schon durchsetzen, wenn man nur lange genug miteinander spricht, eher als Wunschdenken
betrachtet werden muss, wurde und wird sie immer wieder als Rechtfertigung
bestimmter Formen kommunikativen Handelns angerufen. Da diese Vernunft
allerdings auf das Kriterium der Plausibilität, die Bestätigung stereotyper Urtei-
le, eine möglichst umfassende Wirkung oder eine als Wahrheit deklarierte Idee
reduziert werden sollte, verlor sie wie die Wahrheit ihre überzeitliche Bedeutung. Sie musste durch andere Kriterien ersetzt werden, um die Fiktion eines
Diskurses weiter aufrecht erhalten zu können. Nach Luhmann hat die öffentliche Meinung „die alteuropäisch-naturrechtliche Wahrheitsbindung der Politik"[133] abgelöst. Verkürzt ausgedrückt, die Auflösung der Gesellschaft in
Teilöffentlichkeiten führte zu einem Verlust der „überlieferten Wahrheitsgrund-
lagen der Politik". Der Ordnungsrahmen veränderte sich: Die öffentliche Meinung „konnte nicht mehr als Wahrheit, sondern nur noch als Meinung begriffen
werden - als vorübergehend verfestigte Ansicht des Richtigen, die gewisse Kon-
trollen der subjektiven Vernunft und der öffentlichen Diskussion durchlaufen
hatte."[134]

Das hat in unterschiedlichen philosophischen, politischen und wirtschaftlichen Denksystemen zu intensiven Anstrengungen geführt, um die Begriffe
Vernunft und Wahrheit zu rehabilitieren, umzudeuten, zu ersetzen oder sie zu
simulieren. Der konstruktivistische Ersatz der ontologischen Letztbegründung
durch das Prinzip der Viabilität kennzeichnet diesen Prozess. Im Vordergrund
stand dabei die noch immer aktuelle postmoderne Idee vom „Anything goes"[135],
die alles Handeln rechtfertigen kann, ihre Begründung in sich zu tragen scheint
und den Anspruch erhebt, die Wahrheit in kondensierter Form zu enthalten.
Vernunft und Wahrheit sind allerdings Begriffe, auf die man im westlichen
Denken nicht generell verzichten möchte. Glaubwürdigkeit und Vertrauen sind
zentrale Forderungen an Kommunikatoren geworden, wobei beide als herstell-
bar dargestellt werde und ihr Erzeugen in allen angewandten Kommunikations-
bereichen, von den Wahlkampfstrategie über die Vermittlung tagesaktuelle politischer Entscheidungen bis zu Corporate Identity und PR-Konzepten als Kern
aller beratenden Arbeit gilt.

Als zentraler Begriff für die postmodernen Diskurse über das Spiel gewinnt der Begriff Simulation im Zusammenhang von Spiel und Simulation in
der postmodernen Medienästhetik eine andere Bedeutung. „Mit ihm ist die Ab-

---

[133] Luhmann, Niklas: Öffentliche Meinung, a.a.O., S. 31.

[134] Luhmann, Niklas: Öffentliche Meinung, a.a.O., S. 31.

[135] Feyerabend, Paul: Wider den Methodenzwang, a.a.O., S. 13.

kehr von der Vorstellung verbunden, daß es so etwas wie verbindliche Wahrheit oder einen Zugriff auf authentische Realität gibt."[136] Die „gesamte Realität ist zum Spiel der Realität übergegangen" konstatierte denn auch Jean Baudrillard 1982, wodurch sie zu einem ästhetischen Phänomen geworden ist. „Das Simulationsprinzip überwindet das Realitätsprinzip [...]".[137] Bernhard Dotzler wies 1996 darauf hin, dass „Simulation im heutigen Wortgebrauch, [...] als Gegenbegriff zu Mimesis verstanden werden [kann], als Begriff für die Funktion von Zeichenprozessen, in deren Vollzug es nicht notwendig darum geht, ein Vorbild nachzuahmen. Simulationen lassen stattdessen Bilder und Situationen entstehen, die keinen anderen Rückhalt haben als das Medium, das sie hervorbringt."[138] Simulationen bleiben unverbindlich.

Diese Vision von Freiheit und Verantwortung kann schnell deteriorieren und zu Formen von Kommunikationslenkung führen, die im Namen von Spiel und Simulation auf Elemente der Massentheorie zurückgreifen. Denn entsprechende Formen von Kommunikationslenkung stützen sich jetzt auf Bilder vom Menschen, der die gegebenen Freiheiten nicht nutzen kann und in neue Unfreiheiten fällt. Es ist ein Wesen, das geführt und geleitet werden muss, das unfähig ist, seine eigenen Interessen zu erkennen, das ohnmächtiges Opfer von Manipulatoren wird und geschützt, erzogen und in seinen Grenzen gehalten werden muss. Diese Elemente sind auch in den demokratisch akzeptierten Instrumenten enthalten. Hier bezeichnet gegenwärtig z.B. der Arbeitsbegriff „Spin Doctoring" ein in der Praxis nach dem Prinzip (vermeintlicher) Wirkung ekklektizistisch zusammengestelltes Bündel von Instrumenten zur Beeinflussung der öffentlichen Meinung. Ein wissenschaftliches Konzept ist nur in groben Umrissen erkennbar.

Partielle Zustimmungen oder Ablehnung beziehen sich überwiegend auf das Procedere und die moralischen Implikationen, sie gelten nur gelegentlich den in die Öffentlichkeit transportierten Probleme oder Themen. Auch die Spin-Doctors erheben den Anspruch, der jeweils gemeinten Wahrheit zu ihrem Durchbruch zu verhelfen oder sie im Namen der Vernunft zu erzwingen, letztlich fassen sie aber lediglich Menschenbilder und damit verbundene Vorstellun-

---

[136] Anz, Thomas: Das Spiel ist aus? Zur Konjunktur und Verabschiedung des "postmodernen" Spielbegriffs, in: Henk Harbåers (Hrsg.), Postmoderne Literatur on deutscher Sprache: Eine Ästhetik des Widerstands? (=Amsterdamer Beiträge zur neueren Germanistik, Bd. 49 - 2000), Amsterdam (Atlanta, G.A.) 2000, S. 15-34, hier S. 27 f.

[137] Baudrillard, Jean: Der symbolische Tausch und der Tod, München: Matthes & Seitz 1982, S. 119.

[138] Dotzler, Bernhard: „Simulation – simulation – simulation", Verstärker, Jg. 1, Nr. 1, 1996.

gen in Modellen zusammen, die auf eine möglichst große Funktionalität kommunikativer Prozesse zielen. Die jeweiligen Zielstellungen sind dabei austauschbar, wie die Nutzung identischer Handlungsanleitungen bzw. Kommunikationstechniken und deren Begründungen belegen. Propaganda, Populismus oder Missionierung sind bezeichnenderweise als Begriffe weitgehend Leerformeln. Sie erscheinen als beliebig verwendbar und werden erst durch ihre Inhalte bestimm- und analysierbar. Eine solche Analyse der Intentionen ihrer Protagonisten hat daher immer hohe Priorität.

4   Zusammenfassung: Menschenbilder als kommunikative Lenkungsinstrumente

Die einleitende These, Menschenbilder müssen immer gleichzeitig als Grundlage und Zielvorstellung gesellschaftlicher Kommunikation und insbesondere aller Metakommunikation begriffen werden, wurde durch die Beobachtung belegt, dass Menschenbilder – als empirische Konstrukte oder axiomatische Setzungen – alle Kommunikationstheorien bestimmten und in ihnen in der jeweiligen Deutung festgeschrieben worden sind. Der neue Mensch, der gute, der böse, der schwache …

Menschenbilder bilden so immer gleichzeitig Ausgangspunkt und Ziel aller Bemühungen, wenn schon nicht „die" Wirklichkeit, so doch zumindest mögliche und vorstellbare Wirklichkeiten wahrzunehmen. Ihnen kommt eine zentrale, wenn auch bisher kaum systematisch analysierte Funktion als Lenkungsinstrument zu. Das gilt für gesellschaftliche Interaktionen wie für wissenschaftliches Arbeiten, für Gesellschaftsmodelle wie für Gesellschaftsverfassungen. Allerdings sind bereits die Versuche umstritten, den Menschen, seine Antriebe und sein Handeln mit Hilfe empirischer Methoden zu erfassen, denn schon der erste notwendige Schritt, die Datenerhebung, trägt ein Janusgesicht. Die Bestimmung der Frageparameter kann nur Resultat einer vorangegangenen Interpretation sein, die den zu beobachtenden Dimensionen à priori im kulturellen Kontext vorgegebene Bedeutungen zuweist. Darauf hat Siegfried Kracauer schon 1952 in seiner Polemik gegen den Objektivitätsanspruch der quantitativen Inhaltsanalyse hingewiesen, als er meinte, sie sei in ihrer gegenwärtig praktizierten Form „impressionistischer" als ihre Verfechter geneigt sind, zuzugeben.[139] Sie ist gleichzeitig, wäre hinzuzufügen, konservativer und hat ein größeres Beharrungsvermögen als selbst ihre Kritiker annehmen. Dementsprechend erfolgen die Schritte von der Beobachtung oder Setzung zur Theoriebildung und von ihr zu den diversen Handlungsanweisungen weitgehend auf der Basis axiomatischer (oder eben ideologisch bestimmter) Menschenbilder. Sie sind als willkürliche aber zielorientierte Konstrukte zu begreifen, die in der Polarisierung von gut und schlecht, richtig und falsch, wahr und unwahr befangen bleiben. Sie prägen nicht nur das kommunikative Handeln von Individuen oder Gruppen und damit die Organisation sozialer Ordnungen, sondern bilden gleichzeitig die Grundlage aller kommunikationswissenschaftlichen Theorien, Modelle und Analysen. Aus der Theoriebildung resultieren wiederum Handlungsanleitungen und normative Aufgabenstellungen für die Kommunikationspraxis, mit deren Hilfe Ordnungen und Verbote, Gratifikationen und Sanktionen in allen kommunikativen Subsystemen legitimiert und durchgesetzt werden.

Kommunikationsprozesse verwandeln sich so unter der Hand in „selffulfilling-prophecies", die das erhoffte oder befürchtete Ereignis als Ergebnis einer unausweichlichen Folge kontinuierlicher Bilder erscheinen lassen, die ihrer eigenen – also der unterstellten kommunikativen – Logik unterliegen. Menschenbilder können damit als Grundbausteine von „Vorhersagen" eine Eigendynamik entfalten, die das Ziel schon als erreicht in sich trägt. Robert K. Merton bezeichnete „selbsterfüllende Prophezeiungen" als soziale Mechanismen, die die Auswirkungen bestimmter Einstellungen und Handlungsweisen gemäß dem so genannten „Thomas-Theorem" erklären: „Wenn die Menschen Situationen als real definieren, sind sie in ihren Konsequenzen real."[140] Das heißt, wenn sie eine bestimmte Sache für wahr halten und glaubten, sie werde eintreten, tragen sie durch ihre Handlungen und ihr Verhalten dazu bei, dass diese Prophezeiung auch eintritt. In der Medizin ist Entsprechendes als Placebo Effekt bekannt. Von Ärzten und Heilern geweckte positive oder negative Erwartungen können nachweislich besonders leicht zu einer selbsterfüllenden Prophezeiung werden und die Gesundung fördern oder erschweren.

---

[139] Vgl. Kracauer, Siegfried: Für eine qualitative Inhaltsanalyse, in: Ästhetik und Kommunikation. Beiträge zur politischen Erziehung, Jg. 3., Nr. 7, März 1972, S. 53-58 (Original: The Challenge of Qualitative Content Analysis, in: Public Opinion Quarterly, Jg. 16, Nr. 4 (Winter 1952/53), S. 631-642.

[140] Merton, Robert K.: Die Eigendynamik gesellschaftlicher Voraussagen, in: Ernst Topitsch (Hrsg.), Logik der Sozialwissenschaften, Berlin: Kiepenheuer & Witsch Köln 1965, S. 144 ff.

Die vorangegangenen Überlegungen zeigten ebenfalls, dass Menschenbilder immer zwei entscheidende Facetten aufweisen. Sie sind einerseits ein Versuch, den Menschen so zu beschreiben, wie er ist, was selten gelingt, weil der „wirkliche" Mensch im blinden Fleck des Beobachters verschwindet, und sie sind andererseits pädagogischen oder ideologischen Zielvorstellungen dienend untergeordnet, indem sie den Anspruch erheben, den Menschen an das Bild anzupassen, das man sich bereits vorher von ihm gemacht hat. Hier überwiegen normative Sollvorstellungen, die in der Wirklichkeit wiedergefunden werden sollen. Beide Annäherungsformen verweisen auf unsere Hilflosigkeit,

die uns auf Metaphern und Bilder zurückwirft. Sie verweisen darüber hinaus auf die generelle Schwierigkeit, sich ein mehr oder weniger zutreffendes Bild vom Menschen zu machen.

Weitere Untersuchungen sollten den Einflüssen von Menschenbildern auf kommunikationswissenschaftliche Theoriebildung intensiver nachgehen und sich auf zwei Analysefelder konzentrieren: Einerseits blieb weitgehend unbeachtet, dass die Dominanz des dualen Denkens und der ihm unterlegten Menschenbilder zu einer Dialektik von Täter und Opfer, Allmacht und Ohnmacht in den klassischen Kommunikationstheorien geführt hat. Andererseits muss in den Analysen die magisch-mystische Vorstellung ernst genommen werden, mit dem Bild vom anderen besitze man auch Zugang zu seinem Innersten, zu seinen ihm oft selbst nicht bewussten Trieben und Antrieben. Beide Komplexe führten seit jeher zur Reproduktion gesellschaftlicher Strukturen in der Wissenschaft, die nur durch die zugrunde liegenden Menschenbilder erfassbar werden. Ihre Analyse ist ein ungebührlich vernachlässigter Teil kommunikationswissenschaftlicher Forschung.

Als notwendiger Ausgangspunkt weiterer Analysen erwiese sich so ein Ansatz, der die Dialektik von Tätern und Opfern als Grundstruktur aller Kommunikationstheorien ebenso ernst nimmt wie die aus ihnen abgeleiteten Handlungsanleitungen. Manipulation, Propaganda, PR aber auch Journalismus und Literatur wären immer gleichzeitig Symbol für die reale oder imaginierte Macht des Menschen über den Menschen und Symbol für seine tatsächliche oder unterstellte Ohnmacht.

Allmachtsphantasien der Kommunikatoren und Ohnmachtsgefühle der Rezipienten stehen in einem dialektischen Verhältnis zueinander. Sie bedingen einander. Sie sind keineswegs „objektive" Gegebenheiten, wie nicht nur Anhänger der Theorie vorgeben, mit Kommunikation könne man alles erreichen, sondern auch viele ihrer Kritiker. Sie erweisen sich als mehr oder weniger intentionale Konstrukte. Die Überzeugung, manipulieren zu können und gleichzeitig manipuliert zu werden, weist das Wechselspiel von Allmacht und Ohnmacht als integralen Teil aller kommunikativen Prozesse aus. Sie erscheinen damit statisch und laden zu instrumenteller Nutzung ein.

Die Forschung sollte stärkeren Nachdruck auf den Menschen legen und der Versuchung widerstehen, vorgeformte Idealbilder vom Menschen und seiner Gesellschaft – oder eben ihre Negation – moralisch aufgeladen und verabsolutiert als Bausteine kommunikativer Theoriebildung und als Grundlage kommunikativen Handelns zu benutzen. Wenn diese Neuausrichtung erfolgt, kann Kommunikation wieder stärker als Interaktion, als Dialog erkannt und analysiert werden. Diese Interaktionen finden, auch wenn sie medial vermittelt sind, immer zwischen Menschen statt, die sich nicht auf Daten und Profile reduzieren lassen. Das führt allerdings zu einem weiteren Problem. Menschen sind, auch wenn diese Erkenntnis schmerzhaft sein kann, weder unbedingt rational, noch effizient, noch fair und vor allem handeln sie meist weder den Erwartungen noch den Normen entsprechend. Ganz im Gegenteil.

Menschenbilder in der Organisationskommunikation
Funktionen, Wandel, Implikationen.

Friederike Schultz

1 Zum Wandel des Menschenbildes in der Organisationskommunikation

Was Ernst Cassirer einst als Grundzielstellung menschlichen Handelns beschrieb – „aus dem Chaos der Eindrücke ein(en) Kosmos, ein charakteristisches und typisches Weltbild"[1] zu formen – gilt ebenso für das (kommunikative) Handeln des Menschen allgemein: Sein Bestreben, aus dem Chaos Ordnung zu machen, die Welt zu formen, in eine feste Gestalt zu bringen – zu organisieren – stellt Ausgangspunkt jeglicher Organisation und damit auch jeglichen Nachdenkens über Kommunikation und organisationale Kommunikation bzw. Organisationskommunikation dar. Nicht nur Weltbilder und Visionen, sondern mehr noch Vorstellungen vom Menschen als weitgehend unhinterfragte Konstruktionen übernehmen hierin handlungsleitende und -legitimierende Funktionen.

Prozesse und Mechanismen der Organisation von Wirklichkeit durch Kommunikation werden zumeist im Kontext der Organisationskommunikationsforschung betrachtet, wenngleich der Aspekt des „Organisierens" hier eher selten thematisiert wird. Der Terminus Organisationskommunikation bezieht sich zumeist auf die Kommunikation von, in und über Organisationen wie Unternehmen oder politischen Institutionen, auf deren interne und externe Kommunikation. Insbesondere die US-amerikanische Forschung[2] widmet sich dabei

---

[1] Cassirer, Ernst: Philosophie der Symbolischen Formen, Zweiter Teil: Das mythische Denken, 2. Aufl., Darmstadt: Wissenschaftliche Buchgesellschaft 1973, S. 39.

[2] Taylor, James R, Andrew J. Flanagin, George Cheney und David R. Seibold: Organizational communication research: Key moments, central concerns, and future challenges, in: Communication Yearbook, Nr. 24, 2000, S. 99-137; Jablin, Fredric M. und Linda L. Putnam (Hrsg.): The new handbook of organizational communication: Advances in theory, research, and methods, CA: Thousands Oaks 2001; Mumby, Dennis: Organizational Communication, in: G. Ritzer (Hrsg.), The Encyclopedia of Sociology, London 2006, S. 3290-3299.

jedoch vielfältigen kommunikativen Sachverhalten auf der Mikro-, Meso- und Makroebene.[3] Der Begriff der Organisationskommunikation ist hier stärker in der Rhetorik, den Human Relations und frühen Modellen der Organisations- und Managementtheorie verhaftet und integriert soziologische wie managementtheoretische Perspektiven (Management Communication, Mikropolitik, interpersonelle Beziehungen, Organisationskultur, Symbolismus, Macht und Einfluss, inter-organisationale Netzwerke).[4] Im deutschsprachigen Raum hingegen, in dem eine entsprechende Auseinandersetzung erst seit kürzerem stattfindet[5], werden darunter traditionell auch die Bereiche „Public Relations" und „Unternehmenskommunikation" subsumiert, schließlich jene der Kommunikation in und von Organisationen und neuerdings auch jene über Organisationen.[6] Im vorliegenden Beitrag wird auf ein allgemeineres Verständnis von organisationaler Kommunikation aufgebaut, welches jegliche Versuche subsumiert, gesellschaftliche Prozesse durch Kommunikation zu organisieren und somit zu verändern und aktiv zu gestalten, vordergründig jedoch auf der Mesoebene verhaftet bleibt. Organisationale Kommunikation ist so gesehen unmittelbar mit Organisationskultur, Corporate Identity, Werbung, Public Relations und Politischer Kommunikation, aber auch mit Propaganda verbunden – mit Formen der kommunikativen Organisation von Wirklichkeit, wie sie sich sowohl im wirtschaftlichen, politischen als auch medialen Feld beobachten lassen. Dies erlaubt nicht zuletzt eine vergleichende Perspektive auf Unternehmenskommunikation und politische Kommunikation, welche sich zumeist in einem Spiel des wechselseitigen Bezugnehmens und Anregens befinden.

Gedanklicher Wegbereiter solcher organisationalen Kommunikationsprozesse sind ganze Galerien von Menschenbildern, die als Vorstellungen vom Menschen, als Rollenbilder und Stereotype sowohl in praxisorientierten als auch wissenschaftlichen Modellen explizit als Leitbilder und Führungsinstrumente entwickelt werden, oder als implizit mitgeführte Grundannahmen zwischen den Zeilen umhergeistern. Sowie die kosmischen Weltbilder weitgehend komplexitätsreduzierend und zweckgerichtet eingesetzt werden, erfüllen auch Menschenbilder Funktionen: Obwohl diese Protagonisten wissenschaftlicher, gesellschaftlicher und organisationaler Erzählungen Konstruktionen sind und bleiben, zieht

---

[3] Wehmeier, Stefan: Communication Management, Organizational Communication and Public Relations. Developments and future directions from a German perspective, in: Ansgar Zerfaß, Betteke van Ruler und K. Sriramesh (Hrsg.), Public Relations Research, Wiesbaden: VS Verlag 2008, S. 172-184.

[4] Vgl. Wehmeier, Stefan: Communication Management, a.a.O.

[5] Theis-Berglmair, Anna Maria: Organisationskommunikation. Theoretische Grundlagen und empirische Forschungen, Münster, Hamburg und London: LIT Verlag 2003, S. 17.

[6] Online verfügbar unter: http://www2.dgpuk.de/roettger/fachgruppe/selbstverstaendnis.shtm

der Glaube an die erschaffene Gestalt hier nicht unerhebliche Konsequenzen nach sich. Dies gilt für deskriptive Menschenbilder, ebenso aber für normative Vorstellungen vom Menschen, die beschreiben wie der Mensch idealerweise sein sollte (gut, wahr, schön, etc.). Da letztere zumeist auf eine Veränderung gesellschaftlicher Wirklichkeit abzielen stellt sich die Frage, in wie weit gerade normative Menschenbilder einen irreversiblen Prozess der Formierung, Beeinflussung und Gestaltung in Gang setzen, der umso emphatischer wird, je stärker sich Wirklichkeitskonstruktionen polarisieren? In wie weit sind gerade hier selbstverstärkende Effekte zu beobachten? Formierungsbestrebungen, die auf eine Veränderung und zumeist „Besserung" des Menschen abzielen, dürften bei diesen ja eben jenes Missfallen hervorrufen, das schließlich als Bestätigung der zugrunde gelegten Vorannahmen herangezogen wird.

Insbesondere in den letzten Jahren ist ein Wandel des Menschenbildes in der Wirtschaft hin zu normativen Positionen zu beobachten, der wiederum im Kontext übergeordneter Veränderungen steht – einem allgemeinen Gesellschafts- und Wertewandel. Im Zuge zunehmender Skandalisierungen, heftiger Kritiken an und Delegitimationen von Unternehmenshandlungen über die Moralisierung öffentlicher Kommunikationen institutionalisierten sich in Unternehmen Konzepte wie Corporate Social Responsibility, Corporate Citizenship oder Sozialmarketing, mit denen Unternehmen gesellschaftliche Problemlösungskompetenz signalisieren und die vor allem eine Moralisierung unternehmerischer Kommunikationen und entsprechender Vorstellungen vom Menschen und seiner Beziehungen als Reaktion beinhalten. Corporate Social Responsibility (CSR), was soviel wie „gesellschaftliche Verantwortung von Unternehmen" bedeutet, impliziert, dass Unternehmen neben ihren ökonomischen Zielen nun explizit auch „sozialen" bzw. „gesellschaftlichen" Zielen dienen und zur Lösung entstandener gesellschaftlicher Problemlagen beitragen. Sie werden in diesem Konzept als „gute Bürger" verstanden[7], die soziale Belange und Umweltbelange in die Unternehmenstätigkeit und in die Wechselbeziehungen mit den „Interessengruppen" integrieren,' Aufgaben der Politik übernehmen und Gesellschaft auf diesem Wege politisch mitgestalten.[8] Normative Menschenbilder fungieren

---

[7] Maaß, Frank und Reinhard Clemens: Corporate Citizenship. Das Unternehmen als „guter Bürger" – Kurzfassung, Institut für Mittelstandsforschung, Bonn 2002.

[8] Scherer, Andreas G. und Guido Palazzo: Globalization and Corporate Social Responsibility, in: Andrew Crane, Abagail McWilliams, Dirk Matten, Jeremy Moon und Dondald S. Siegel (Hrsg.), The Oxford Handbook of Corporate Social Responsibility, Oxford: Oxford University Press, S. 413-431; Moon, Jeremy, Andrew Crane und Dirk Matten: Can Corporations be Citizens? Corporate Citizenship as a

hierin wiederum als Komplexität reduzierende Leitbilder, die Grundlage der Unternehmenspraxis werden und Handeln orientieren.

Die Beobachtung des aktuellen Wandels im Menschenbild angesichts des beschriebenen Zusammenhangs von Organisation, Mensch und Kommunikation ist Ausgangspunkt der folgenden Ausführungen. Insbesondere in der Kommunikationswissenschaft, als einer Wissenschaft vom Menschen (als Rezipient, Mediennutzer, Konsument, Mitarbeiter, Stereotyp etc.), stellt menschliches Handeln zwar immer den Fluchtpunkt der Forschung dar. Jedoch wird meist nur im Rahmen der Beschäftigung mit interpersonaler (face-to-face) Kommunikation die Frage nach menschlichen Eigenschaften, Sinnstiftungs- und Interpretationsprozessen explizit gestellt.[9] Insbesondere in der Organisationskommunikationsforschung sind Vorstellungen vom Menschen zwar grundlegend, jedoch nur zum Teil expliziert. Im Vordergrund des Beitrags stehen daher nun die Fragen nach den Bedeutungen, Funktionen und Implikationen normativer Menschenbilder. In wie weit weisen Veränderungen von Menschenbildern und insbesondere die Einführung normativer Menschenbilder auf einen grundlegenden Wandel der sozialen Wirklichkeit und Bemühungen zur deren Veränderung hin, und was sagen sie über die Organisation gesellschaftlicher Prozesse selbst aus? Der Beitrag stellt erste Gedanken zu diesem Problemzusammenhang vor.

Die Analyse der Protagonisten gesellschaftlicher Geschichten und Diskurse und deren Veränderung im Rahmen der Organisationskommunikation kann vor allem Aufschluss über vorhandene Wirklichkeitskonstruktionen und gesellschaftlichen Wandel geben. Die vorliegende Studie leistet basierend auf einer Skizze gängiger Menschenbilder der Organisationskommunikation einen Beitrag zur umfassenden und vergleichenden Analyse von Menschenbildern der Organisationskommunikation, die vor allem zu einer Einordnung des aktuellen Wandels im Menschenbild beiträgt. Nicht die Passgenauigkeit der Menschenbilder, sondern die Aussagen derartiger Selbst- und Fremdbeschreibungen über die Kommunikatoren und deren Identitätskonstruktion stehen dabei im Vordergrund. Basierend auf einer kommunikationswissenschaftlichen Analyse wird dafür zunächst nach ihren Bedeutungen, Funktionen und Implikationen im organisatio-

Metaphor for Business Participation in Society, Business Ethics Quarterly, Jg. 15, Nr. 3, 2004, S. 427-451.

[9] Vgl. Löblich, Maria: Das Menschenbild in der Kommunikationswissenschaft. Otto B. Roegele, (=Kommunikationsgeschichte, hrsg. von Walter Hömberg und Arnulf Kutsch, Bd 20), Münster: LITVerlag 2004, S. 9f.

nalen Kontext gefragt. Normativer Ausgangspunkt der kommunikationswissenschaftlichen Analyse ist wiederum ein hierin entwickeltes, symbolkonstruktivistisches Menschenbild: der *homo symbolicum*. Dieses gibt Antworten darauf, wie der Mensch die Wirklichkeit erkennt. Es dient gleichzeitig zur Analyse der Konzepte und Theorien der Organisationskommunikation sowie der ihnen zugrunde liegenden Menschenbilder und ihrer Konsequenzen und kann auch Grundlage für weitere Auseinandersetzungen im Bereich der Organisationskommunikation sein. Seitens der Kommunikationswissenschaft liegen dabei kaum explizite Menschenbilder vor, auf die dieses aufbauen könnte. Ausnahmen stellen die Personen-Person (Baecker et al.) und in Ansätzen das Menschenbild der Cultural Studies dar (Friedrich Krotz).[10]

2 Menschenbilder als metatheoretische Wertsysteme und Grundlage von Organisationsbildern

2.1 Homo Symbolicum *als epistemologischer Ausgangspunkt*

In der Wissenschaft sind Beschreibungen des menschlichen Wesens üblich, jedoch niemals umfassend. Auch die heute gern ins Feld geführte Verhaltenstheorie und derzeit Konjunktur erlebende Hirnforschung wird das Rätsel um das Wesen des Menschen, an dem sich bereits etliche Wissenschaften, darunter philosophische, psychologische, biologische, soziologische, politische, theologische und anthropologische Werke, die Zähne ausbissen, kaum lüften und umfassende Darstellungen entwickeln können. Obwohl Beschreibungen des Menschen von sich selbst zwangsläufig fragmentarisch und selbstreferentiell bleiben und lediglich die angelegte Perspektive oder Intention widerspiegeln können, wird insbesondere in den Sozialwissenschaften viel mit fiktiven Menschenbil-

---

[10] Vgl. Baecker, Jochen, Michael Boeg-Laufs; Lothar Duda und Ellen Mathies: Sozialer Konstruktivismus – eine neue Perspektive in der Psychologie, in: Siegfried J. Schmidt (Hrsg.), Kognition und Gesellschaft. Der Diskurs des Radikalen Konstruktivismus, Bd. 2, Frankfurt am Main 1992, S. 116 – 145; Vgl. Krotz, Friedrich: Gesellschaftliches Subjekt und kommunikative Identität. Zum Menschenbild der cultural studies, in: Andreas Hepp und Rainer Winter (Hrsg.): Kultur - Medien - Macht. Cultural Studies und Medienanalyse, Opladen: Westdeutscher Verlag 1997, S. 117-126. Bezug genommen wird zudem auf eine auf Cassirer aufbauende Vorstellung vom „homo symbolicum". Vgl. Schultz, Friederike: Symbolische Praxen in der Wirtschaftskommunikation. Menschenbilder, Kulturdefinitionen und moralische Kommunikation als Grundlage von Corporate Social Responsibility, Berlin: Diplomarbeit 2005.

dern argumentiert.[11] Hier bestimmen sie das methodische Vorgehen, die Zielsetzung der Forschung und auch deren Ergebnisse mit[12] oder sind Axiome der Theorien.

Das hierin vorgestellte Bild vom Menschen setzt bei der Beobachtung an, dass sich Menschen verschiedener, kulturell erstellter Bilder, wie auch Menschenbilder, zur Erklärung ihrer Welt und zur Begründung ihres Handelns bedienen. Diese Vorstellung vom Menschen als konstruierendem Kulturwesen, welches sich allgemeiner formuliert über Modelle, Symbole, Mythen und Vorstellungen, die es als „Anker" in der Welt auswirft, in seinem Handeln orientiert, entspricht einem modernen, sich im Laufe der Zeit entwickelten Kommunikationsverständnis. Sie findet sich aber bereits zu Beginn des 20. Jahrhunderts bei dem Kulturphilosophen und Neukantianer Ernst Cassirer, der mit seiner Definition des *animal symbolicum* früh konstruktivistische Positionen antizipierte. Der Mensch lebt nach Cassirer nicht

> „[...] in einem bloß physikalischen, sondern in einem symbolischen Universum. Sprache, Mythos, Kunst und Religion sind Bestandteile dieses Universums. Sie sind die vielgestaltigen Fäden, aus denen das Symbolnetz, das Gespinst menschlicher Erfahrung gewebt ist. [...] Der Mensch kann der Wirklichkeit nicht [...] unmittelbar gegenübertreten; er kann sie nicht [...] als direktes Gegenüber betrachten. Die physische Realität scheint in dem Maße zurückzutreten, wie die Symboltätigkeit des Menschen an Raum gewinnt. Statt mit den Dingen hat es der Mensch nun gleichsam ständig mit sich selbst zu tun. So sehr hat er sich mit sprachlichen Formen, künstlerischen Bildern, mythischen Symbolen oder religiösen Riten umgeben, daß er nichts

---

[11] Einen Überblick über die verschiedenen Menschenbilder in den Wissenschaften bietet Oerter, Rolf: Menschenbilder als sinnstiftende Konstruktion und als geheime Agenten, in: Ders. (Hrsg.), Menschenbilder in der modernen Gesellschaft, Stuttgart 1999, S. 1-4. Eine ausgewählte Zusammenstellung verschiedener Menschenbilder findet sich in Detzer, Kurt A.: Homo oeconomicus und homo faber – dominierende Leitbilder oder Menschenbilder in Wirtschaft und Technik? in: Rolf Oerter (Hrsg.), Menschenbilder in der modernen Gesellschaft. Konzeptionen des Menschen in Wissenschaft, Bildung, Kunst, Wirtschaft und Politik, Stuttgart 1999, S. 99-115, für die BWL vgl. Matthiesen, Kai H.: Kritik des Menschenbildes in der Betriebswirtschaftslehre. Auf dem Weg zu einer sozialökonomischen Betriebswirtschaftslehre, hrsg. von Peter Ulrich, Institut für Wirtschaftsethik der Universität St. Gallen, Bern/Stuttgart/Wien 1995.

[12] Vgl. Oerter, Rolf: Menschenbilder, a.a.O., S. 1.

sehen oder erkennen kann, ohne daß sich dieses artifizielle Medium zwischen ihn und die Wirklichkeit schöbe."[13]

Cassirer knüpft hierin insbesondere an die mit dem Werk des Philosophen Immanuel Kant[14] verbundenen Erkenntnisse der Aufklärung an, denen zufolge Menschen die Wirklichkeit nicht erkennen oder abbilden wie sie „an sich" ist, sondern jede Erkenntnis der Welt ein subjektbedingtes Erscheinungsbild dieser ist. Diese Erkenntnisse erweitert er jedoch um eine kulturwissenschaftliche Dimension. In seiner „Philosophie der Symbolischen Formen" legt Cassirer dar, dass der Mensch den Dualismus zwischen der Welt des Geistigen (Verstand, Denken) und der des Sinnlichen (Anschauung, Sinnesreize) vor allem mit Symbolen überbrückt. Indem der Mensch ein Zeichen mit einer bestimmten Bedeutung verbindet, ist mit diesem sinnlichen Zeichen für ihn zugleich Sinn gegeben.[15]

„Statt vom Menschen zu sagen, er besitze einen ‚der Bilder bedürftigen Verstand' (Kant), sollten wir eher sagen, sein Verstand bedürfe der Symbole. Menschliche Erkenntnis ist im wesentlichen symbolische Erkenntnis. [...] Ein Symbol besitzt keine aktuale Existenz als Teil der physikalischen Welt; es hat eine ‚Bedeutung'."[16]

Symbole lassen sich dabei als konventionell, mehrdeutig und interpretationsbedürftig verstehen.[17] Und auch deren Bedeutung hängt davon ab, wie die Sprachgemeinschaft und die Menschen diese situativ benutzen.[18] Vor dem Hintergrund dieser symbolischen Erkenntnis kann im Anschluss an Cassirer nicht zwischen etwas Symbolischem als Schein und einem sich dahinter verbergenden Sein un-

---

[13] Cassirer, Ernst: Versuch über den Menschen. Einführung in eine Philosophie der Kultur, Frankfurt am Main 1990, S. 50.

[14] Vgl. die Erkenntnistheorie des deutschen Philosophen der Aufklärung: Kant, Immanuel: Kritik der reinen Vernunft, in: Theoretische Philosophie. Texte und Kommentar, Bd 1, hrsg. von Georg Mohr, Tübingen 2004, S. 123f; Vgl. Kant, Immanuel: Prolegomena zu einer jeden künftigen Metaphysik, die als Wissenschaft wird auftreten können, hrsg. von Konstantin Pollok, Hamburg 2001, S. 40, §10.

[15] Vgl. Cassirer, Ernst: Philosophie der Symbolischen Formen, Erster Teil: Die Sprache, Darmstadt: Wissenschaftliche Buchgesellschaft 1953, S. 149.

[16] Vgl. Cassirer, Ernst: Versuch über den Menschen, a.a.O., S. 93.

[17] Vgl. Cassirer, Ernst: Versuch über den Menschen, a.a.O., S. 58.

[18] Auf die Nähe Cassirers zum Symbolverständnis des mit diesem Ansatz verbundenen Semiotikers Charles Sander Peirce (1839 – 1914) weist der Kulturphilosoph John Michael Krois hin, vgl. Krois, John Michael: Der Begriff des Mythos bei Ernst Cassirer, in: Hans Poser (Hrsg.), Philosophie und Mythos. Ein Kolloquium, Berlin und New York 1979, S. 199-217, hier S. 201.

terschieden werden. Entsprechend kann das Symbolische auch nicht abwertend als Inszenierung oder als ideologisch motiviert verstanden werden. Cassirers Auffassung zufolge muss der „letzte Schein zwischen irgendeiner mittelbaren oder unmittelbaren Identität zwischen Wirklichkeit und Symbol [...] getilgt"[19] werden. Das Symbolische ist die Wirklichkeit, welche für den Einzelnen handlungsleitend wird und alternative Wirklichkeiten ausblendet. Es ist der Glaube an die ausgehandelten Bedeutungen und Vorstellungen, die im Sinne Sichselbst-erfüllender Prophezeiungen[20] real werden.

Die Rolle des Symbolischen und Interpersonalen für die Wirklichkeitskonstruktion wurde insbesondere von der Denkschule des Symbolischen Interaktionismus herausgestellt. In der Interaktion zeigen Menschen oder Institutionen Herbert Blumer zufolge über das Symbolische an, welche Bedeutung sie Dingen beimessen.[21] Zugleich interpretieren sie das, was der Gegenüber ihnen symbolisch anzeigt und legen daraufhin fest, wie sie weiter handeln. Menschen sind in ihrer Interpretation auch hier nicht durch das Symbolische determiniert, sondern können Bedeutungen im Zuge ihres Handelns selbst auch ändern.[22] Ihnen stehen, wie schließlich auch die Cultural Studies Forschung herausstellte, verschiedene Codes zur Verfügung, mit denen sie Zeichen und Botschaften „decodieren".[23] Die Bedeutung ergibt sich danach vor allem aus dem Kontext und dem sie umgebenden Diskursfeld.

Grundlegend für das Zustandekommen dieser konsensuellen Bereiche ist wiederum der intentionale und erfolgsorientierte Charakter des Handelns. Diesen Aspekt, sowie den Bedeutungen produzierenden Charakter des Menschen, haben vor dem Hintergrund der kognitiven und linguistischen, vormalige behavioristische Positionen ablösenden Wende seit den 1950er Jahren eine Reihe von Autoren herausgestellt und für die Kommunikationswissenschaft fruchtbar gemacht. So wiesen insbesondere Vertreter des konstruktivistischen Theoriegebäudes, wie die Biologen Humberto R. Maturana und Francisco J. Varelas oder auch der Kommunikationswissenschaftler Siegfried J. Schmidt auf die intrapsychische Konstruktion von Wirklichkeit, die operationale Geschlossen-

---

[19] Cassirer, Ernst: Philosophie der Symbolischen Formen, Erster Teil: Die Sprache, a.a.O., S. 137.

[20] Zur Idee der Self-fulfilling-prophecy vgl. Merton, Robert K.: The self-fulfilling prophecy, Antioch Review, Nr. 8, 1948, S. 193-210.

[21] Vgl. Blumer, Herbert: Der methodologische Standort des Symbolischen Interaktionismus, in: Arbeitsgruppe Bielefelder Soziologen (Hrsg.), Alltagswissen, Interaktion und gesellschaftliche Wirklichkeit. Symbolischer Interaktionismus und Ethnomethodologie, Bd.1, Hamburg 1973, S. 80-146, hier S. 95.

[22] Vgl. ebd., S. 81.

[23] Hall, Stuart: Kodieren/Dekodieren, in: Roger Bromley, Udo Göttlich und Carsten Winter (Hrsg.), Cultural Studies. Grundlagentexte zur Einführung, Lüneburg 1999, S. 92-112, S. 109.

heit und Autonomie des Menschen sowie auf seine Fähigkeit hin, sich selbst zu erzeugen (Autopoiese)[24] und Umweltreize lediglich als Auslöser wahrzunehmen, auf die er im Rahmen seines aktiven Bedeutungszuweisens wiederum intern strukturspezifisch reagiert.[25] Der Mensch interagiert danach mit seiner Umwelt, kann aber in keine Interaktion mit dieser treten, die sich außerhalb seiner Grenzen befindet, die also nicht im Beziehungsmuster, das seine eigenen Organisationen definiert, bereits enthalten ist. Das bedeutet wiederum, dass er selbst das einzige Produkt seiner Organisation ist.

All diese Arbeiten haben zu einem Verständnis von Kommunikation geführt, in dem Kommunikation nicht mehr als Prozess zur Übertragung von Informationen verstanden wird,[26] sondern als sprachliche Interaktion bzw. Orientierungsinteraktion, in der sich Menschen zur Produktion von Informationen gegenseitig anregen.[27] In ihrem aufeinander abgestimmten Handeln erzeugen Menschen mitunter Bereiche der Übereinstimmung, wie die durch gemeinsame Beschreibungen ihrer Umgebung geschaffene Sprache.[28] Sprache fungiert dabei nicht lediglich als Instrument zur Erschließung der Welt, sondern Menschen handeln und erkennen in ihr und können hinter die Welt der Beschreibungen und der damit verbundenen Beobachtungen kaum mehr zurück.[29] In der Sprache treffen sie sprachliche Unterscheidungen, auf deren Grundlage wiederum Bedeutungen entstehen. Auch das Selbstbewusstsein der Menschen, ihre Identität und Teile

---

[24] Griechisch Autos = selbst; poiein = machen; vgl. im folgenden Maturana, Humberto R. und Francisco Varela (Hrsg.): Der Baum der Erkenntnis. Die biologischen Wurzeln menschlichen Erkennens, 11. Aufl., Bern/München 1987, S. 50ff; vgl. Hejl, Peter M.: Konstruktion der sozialen Konstruktion. Grundlinien einer konstruktivistischen Sozialtheorie, in: Siegfried J. Schmidt (Hrsg.), Der Diskurs des Radikalen Konstruktivismus, 8. Aufl., Frankfurt am Main 2000, S. 303-339, hier S. 307f.

[25] Vgl. Maturana, Humberto R. und Francisco J. Varela (Hrsg.): Der Baum der Erkenntnis, a.a.O., S. 106; vgl. Baecker, Jochen et al.: Sozialer Konstruktivismus, a.a.O, S. 127.

[26] Diese Position entspricht u.a. dem Shannon-Weaver'schen Kommunikationsmodell. Vgl. Shannon, Claude E. und Warren Weaver: The mathematical theory of communication, Urbana Illinois 1949; zur Übertragungsmetapher vgl. Luhmann, Niklas: Soziale Systeme. Grundriß einer allgemeinen Theorie, Frankfurt am Main: Suhrkamp 1987, S. 193f. Zur Kritik an diesem Kommunikationsverständnis vgl. Baecker, Jochen et al.: Sozialer Konstruktivismus, a.a.O., S. 126, vgl. Schmidt, Siegried J.: Wir verstehen uns doch, in: Ders. (Hrsg.), Funkkolleg Medien und Kommunikation, Studienbrief 1, Weinheim: Beltz 1992, S. 50-78.

[27] Diese Position entspricht u.a. dem Verständnis von Maturana und Varela, auf die im Folgenden noch näher eingegangen wird. Vgl. Maturana, Humberto R. und Francisco J. Varela (Hrsg.): Der Baum der Erkenntnis, a.a.O.

[28] Vgl. Maturana, Humberto R.: Kognition, in: Siegfried J. Schmidt (Hrsg.), Der Diskurs des Radikalen Konstruktivismus, Frankfurt am Main: Suhrkamp 2000, S. 89-118, hier S. 108ff.

[29] Vgl. Maturana, Humberto R. und Francisco J. Varela (Hrsg.), Der Baum der Erkenntnis, a.a.O., S. 253.

ihrer Existenz sind hiermit Ergebnis ihrer sprachlichen Interaktionen.[30] Der Referenzbereich der Sprache und dadurch hervorgebrachte Beschreibungen der Welt sind wiederum, da diese nicht in fertigen Bedeutungsbausteinen vorliegt, nicht die Welt „an sich", sondern eine gesellschaftlich konstruierte bzw. definierte Wirklichkeit, eine im sprachlichen bzw. kommunalen Diskurs dialogisch hergestellte Realität, die wiederum kommunale Mythen beinhaltet.[31] Mythen lassen sich nach Baecker et al. als jene umfassenden und sozial konstruierten Strukturen verstehen, vor deren Hintergrund einzelne sprachliche Aussagen und Interaktionssequenzen erst plausibel oder sinnvoll erscheinen. Bezeichnend für die Wirkungsweise von Mythen ist dabei, dass sie weitgehend als gegeben und real akzeptiert, berücksichtigt und darüber wiederum bestätigt werden. Derartige Mythen prägen nicht nur die gesellschaftliche Wirklichkeit und die jedes einzelnen, sondern werden durch Rekurs auf diese zugleich verändert.[32]

Die damit notwendig gewordene Ablösung von Steuerungsfiktionen greift auch auf jenen Bereich über, der häufig implizite Grundlage von Menschenbildern darstellt: Dichotome Vorstellungen von Emotion und Verstand. Im Anschluss an Cassirer, demzufolge das Symbolische den Verstand und das Sinnliche verbindet, lässt sich auch die gedankliche Dichotomie zwischen aktivem Denken und passiver Sinnlichkeit und damit die zwischen Kognition und Emotion als die Handlungen steuernde Gegenspieler, wie sie uns seither in konträren Menschenbildern begegnen, nicht halten. Vor dem Hintergrund eines symbolkonstruktivistischen Theoriegebäudes kann nicht länger derart zwischen einer rationalen „Ich-Ferne" und einer emotionalen „Ganzheitlichkeit" unterschieden werden, wie es in Diskursen häufig beobachtbar ist. Das menschliche Denken und Wahrnehmen ruht vielmehr auf einem „ursprünglichen Gefühlsgrund"[33], sodass mit dem Symbolischen sowohl das Kognitive als auch das Emotionale verknüpft sind. Emotionen sind ebenso an der Bildung der Sprache, der Raum- und Zeitwahrnehmung und vor allem des Persönlichkeitsbewusstseins beteiligt. Sie sind Ergebnis sozialer Interaktion und Interpretation und, da sie sich in Mimik und Gestik ausdrücken, in jeder Kommunikation grundlegend.

---

[30] Vgl. ebd., S. 228 und S. 252f. Der Begriff „Identität" wird in den Geisteswissenschaften sehr unterschiedlich definiert, als narrative, kollektive, numerische Identität. Bei Maturana und Varela wird er als Ergebnis sprachlicher Interaktionen und in Abhängigkeit von der Lebensumgebung (Milieu) verstanden, jedoch nicht weiter expliziert und auch nicht von anderen Identitätsbegriffen abgegrenzt.

[31] Vgl. Baecker, Jochen et al.: Sozialer Konstruktivismus, a.a.O, S. 117ff.

[32] Vgl. Baecker, Jochen et al.: Sozialer Konstruktivismus, a.a.O, S. 122 und 128f.

[33] Vgl. Cassirer, Ernst: Philosophie der Symbolischen Formen. Zweiter Teil, a.a.O., S. 118. Vgl. zu den Gefühlen bei Cassirer auch Schwemmer, Oswald: Ernst Cassirer. Ein Philosoph der europäischen Moderne, Berlin 1997, S. 135.

Sie lassen sich, wie Schmidt darlegt, darüber hinaus als eine Art kulturell geteiltes Wissen beschreiben, das konventionalisiert und codiert ist.[34]
Schlussfolgern lässt sich daraus, dass mit dem symbolischen Universum für den Menschen auch Freiheit verbunden ist: Er hat die Fähigkeit, sich in andere Situationen hineinzuversetzen, sich in zeitlicher und räumlicher Dimension vom Hier und Jetzt abzulösen, in Kausalzusammenhängen zu denken, Kontingenzen seiner Unterscheidungen zu verschleiern und darüber Komplexität zu reduzieren. Das Symbolische erlaubt ihm nicht nur, aus dem ihn umgebenden Chaos einen Kosmos zu machen, sondern auch Zugriff auf verschiedene, zeitlich bedingte Wirklichkeiten und letztlich auch verschiedene Identitäten zu entwickeln. Diese Vorstellung pluraler Wirklichkeiten und Identitäten kommt schließlich der von der Bochumer Arbeitsgruppe vorgeschlagenen Metapher der „Personenperson" recht nahe: Der Mensch geht danach nicht völlig in den kulturellen Mythen auf, sondern er ist Träger eines einzigartigen Musters von Mythen und Sprachfiguren, wobei diese und damit auch die Person selbst sich im Laufe der Zeit abhängig von den verschiedenen Diskursen, in denen der Einzelne sich befindet, ändern können. „Die Metapher erklärt auch die häufig empfundene Inkohärenz des eigenen Verhaltens und die hinlänglich bekannte Diskrepanz zwischen Einstellung und Verhalten." Zugleich ermöglicht sie, „in Krisensituationen problematisches Verhalten zu ändern, indem es vom Identitätszwang befreit."[35]

2.2 Inivsibilisierung, Komplexitätsreduktion und Legitimation: Zum Umgang mit Unsicherheit

Die Frage nach den Funktionen von Menschenbildern, wie sie sich vor dem Hintergrund dieser epistemologischen Betrachtungen schlussfolgern lassen, kann zunächst bei einer Beobachtung vorhandener Menschenbilder ansetzen. Bereits hier fällt auf: Die Ahnengalerie prominenter Menschenbilder, wie sie insbesondere in der wissenschaftlichen Theoriebildung entwickelt wurden, ist lang. Auch im Rahmen der Organisationskommunikationsforschung spielen einige von ihnen eine tragende Rolle, wie beispielsweise das „animal rationabile" Immanuel Kants, das „zoon logon echon" als vernünftiges Lebewesen von Aristoteles, der „homo agens" George Herbert Meads, der „homo sociologicus" Ralf

---

[34] Vgl. Schmidt, Siegfried J.: Unternehmenskultur. Die Grundlage für den wirtschaftlichen Erfolg von Unternehmen, 2. Aufl., Weilerswist 2005, S. 173.
[35] Vgl. Baecker, Jochen et al.: Sozialer Konstruktivismus, a.a.O, S. 132.

Dahrendorfs, das „Mängelwesen" Arnold Gehlens oder auch der Rollenspieler Erwin Goffmans.[36] Der lange Zeit erfolgreichste Vertreter unter ihnen ist jedoch das ausgesprochen praktikable Massenwesen. Mit ihm entstand die frühe PR-, Werbe- und Propagandalehre: Der Mensch wurde hier, aufbauend auf der Massenpsychologie (Le Bon), zunächst zur Reflexamöbe erklärt, zum passiven Element einer unberechenbaren Masse, das geführt und zum Besseren erzogen werden müsse (Bernays, Domizlaff, Plenge u. a.).

Spätestens mit der kognitiven Wende, die am stärksten in der beschriebenen symbolisch-interaktionistisch und konstruktivistisch orientierten Theoriebildung aufgegriffen wurde, findet sich die gegenteilige Auffassung. Der Mensch gilt seither als Wesen, das Bedeutungen aktiv selbst aushandelt und darüber seine Wirklichkeit erschafft, sich jeglicher Steuerung von außen jedoch radikal verweigert. Da der Mensch dazu neigt, aus dem Chaos einen Kosmos machen zu wollen, dürfte die konsequente Auflösung der Illusion, Handeln ließe sich durch Kommunikation steuern, schmerzlich sein, ginge damit auch die Legitimation für Steuerungsansprüche verloren. Nach wie vor konkurriert dieses Menschenbild daher mit dem eines orientierungslosen, in einer fragmentarisierten Welt verloren gegangenen und nach Zugehörigkeit suchenden Wesens. Beispiele kosmischer Weltbilder finden sich viele: Forschungen zu Corporate Identity und Corporate Culture beispielsweise beschreiben den Menschen noch in den 1980er Jahren als Wesen, das Werte, Identitätsofferten und Orientierung braucht und durch Ontologismen in seinem Handeln geleitet werden kann. Ein damit verwandter Opponent ist auch das direktere Abbild des Massenwesens, das in anwendungsbezogenen und vereinzelt auch in wissenschaftlichen Diskursen in verändertem, der neuen Zeit angepasstem Gewand nach wie vor umhergeistert. Auch wird es stets mit den dieses pessimistische Menschenbild stützenden, normativen Fiktionen vom ethischen und rationalen Wesen konfrontiert, die zweckgerichtetes Handeln und zugleich die Grenzen rationaler Berechenbarkeit, die Prozesse retrospektiver Rationalisierung und das Ineinanderwirken von Emotion und Ratio weitgehend unbeachtet lassen. Vor allem polarisierte Vorstellungen vom Menschen, welche sich wechselseitig stützen und sich zugleich auf verschiedene Gruppen von Menschen beziehen, eignen sich als Ausgangspunkt und Legitimation für Bestrebungen, gesellschaftliche Prozesse zu ändern, da sie die zugrunde liegenden Kontingenzen invisibilisieren.

---

[36] Vgl. Detzer, Kurt A.: Homo oeconomicus und homo faber, a.a.O. , S. 101.

All diese Menschenbilder wurden einst und werden auch heute noch zur Erklärung menschlichen Handelns angefertigt. Sie alle bleiben letztlich Vorstellungen, Bilder oder Metaphern vom Funktionieren des Menschen, die Menschen über Menschen und damit auch über sich selbst angefertigt haben.[37] Darin kommt bereits zum Ausdruck, was sich für Menschenbilder allgemein zusammenfassend aussagen lässt und im Folgenden für die Organisationskommunikation näher ausgeführt werden soll: Menschenbilder sind von Laien und Wissenschaftlern als Teil ihres Weltbildes entworfene Konstrukte, die dazu dienen sollen, das Urteilen und Handeln zu ermöglichen.[38] Sie sind Stereotype, Annahmen, Spekulationen und Erkenntnissen, die den Menschen auf bestimmte Eigenschaften reduzieren und Auskunft über seine Natur, seine Bedürfnisse, seine Werte und sein Handeln geben sollen. Menschenbilder werden von Menschen vor dem Hintergrund ihrer Zielsetzungen direkt (explizit) oder implizit sowohl im Alltagshandeln als auch in wissenschaftlichen Theoriebildungen als vereinfachte, zeitlich variable, gesellschaftsabhängige Deutungsmuster oder auch als normativ wirkende Vor- und Leitbilder und daher als Idealkonzeptionen über andere Menschen konstruiert oder wiedererweckt.[39] Sie ermöglichen Menschen Regeln aufzustellen, um Verhalten verstehen und vorhersagen zu können und werden so schließlich zur Grundlage gesellschaftlicher Kommunikationen, Diskurse und Konstruktionen von Wirklichkeit.[40]

Menschenbilder sind somit als konventionelle Gebilde, Symbole und eben solche Anker zu verstehen, anhand derer sich Menschen orientieren. Sie helfen, Komplexität zu reduzieren und Unbestimmtheiten, Unsicherheiten, Widersprüche und Paradoxien sowie zugrunde liegende Kontingenzen so zu verschleiern, dass Entscheidungen, Kommunikation und Handlungen möglich sind. Sie sind Produkte und Ausgangspunkt menschlicher Organisation, die flexibel erstellt die Organisation von Wirklichkeit ermöglichen. Auch sie erlauben dem Menschen, sich aus räumlichen und zeitlichen Bedingungen, vom Hier und Jetzt abzulösen und eine alternative Wirklichkeit zu fingieren, eine andere Identität zu konstruieren und als Wunschbild von sich selbst zu entwerfen, anhand derer sich ihr Handeln orientieren kann.

Menschenbilder lassen sich so gesehen als Geschichten über den Menschen verstehen, die sich zugleich in übergeordnete Geschichten einfügen und

---

[37] Baecker, Jochen et al. a.a.O., hier S. 129.

[38] Oerter, Rolf: Menschenbilder, a.a.O.

[39] Vgl. Hesch, Gerhard: Das Menschenbild neuer Organisationsformen. Mitarbeiter und Manager im Unternehmen der Zukunft, hg. von Arnold Picot und Ralf Reichwald, Wiesbaden 1997, S. 11.

[40] Vgl. Baecker et al.: Sozialer Konstruktivismus, a.a.O., S. 134.

hier als Grundannahmen Plausibilität versprechen: Denn soziale Wirklichkeitskonstruktion findet weniger in einem rein logischen, rationalen Diskurs statt,
wie ihn beispielsweise Habermas beschreibt.[41] Sondern es handelt sich dabei
vielfach um gemeinsame Geschichten oder Narrationen, über die Menschen
wiederum ihr Handeln, ihre Wirklichkeitserfahrung und ihre Erwartungen organisieren und strukturieren.[42] Geschichten stellen hierbei eine Art funktionalen
Rahmen und die Grundlage für Rechtfertigungen von Handlungen und des Um-
ganges mit anderen Menschen bereit, und schaffen aufgrund ihres sinnstiftenden
Charakters, durch die Auswahl, Umschreibung und Vereinfachung einzelner
Elemente und deren Arrangement in zeitlichen Abfolge schließlich Wirklichkeiten, Weltsichten und Ideen.[43] Geschichten reduzieren Komplexität und kontras-
tieren Wirklichkeitskonstruktionen, und dienen gerade deshalb der Verhandlung
von Identität: Sie ermöglichen, prägnante Unterschiede zwischen Akteuren und
Gemeinschaften zu entwerfen und dienen, so ließe sich weiter folgern, der per-
manenten Selbstbeschreibung und -erzeugung jener, die sie erzählen:
    Sowie sich der Einzelne stets eingebunden in seine eigene Welt in dieser
und durch diese selbst reproduziert (und vor diesem Hintergrund nur schwer
seine „Weltsicht" ändern kann), beschreibt auch eine Gesellschaft nicht eine von
ihr unabhängige Wirklichkeit, sondern vor allem sich selbst. Erst durch diese
Selbstbeschreibung erzeugt sie sich stets von neuem, und vor allem darüber gewinnt sie Orientierung und Unterscheidbarkeit von anderen. Ausgangspunkt
und Ergebnis dieser Geschichten sind dabei oftmals unhinterfragbare, sinnstiftende Konstrukte wie Mythen - oder eben auch Menschenbilder – die hier eine
Art Entlastungs- und Orientierungsfunktion für das Handeln übernehmen.[44]
Anhand von Menschenbildern können sich Menschen Bilder nicht nur von sich
selbst, sondern auch von ihrer Stellung in der Welt machen und somit ihre Identität konstruieren und ihr Handeln leiten. Menschenbilder lassen sich daher zusammenfassend als zentrale Protagonisten der Wirklichkeit beschreiben, die

---

[41] Vgl. Habermas, Jürgen: Theorie des kommunikativen Handelns, Bd. 1 und Bd. 2, Frankfurt am Main:
    Suhrkamp 1981.
[42] Hinchman, Lewis P. und Sandra K. Hichman (Hrsg.): Memory, Identity, Community. The Idea of
    Narrative in the Human Sciences, New York: State University of New York Press 1997; Vgl. Rorty,
    Richard: Contingency, Irony and Solidarity, New York: Cambridge Unviersity Press 1989; Vgl.
    Bruner, Jerome: Life as Narrative, Social Research, Jg. 54, Nr. 1, 1987, S. 11-32.
[43] Hinchman, Lewis P. und Sandra K. Hichman (Hrsg.): Memory, Identity, Community, a.a.O., S. xv;
    Vgl. Bruner, Jerome: Sinn, Kultur und Ich-Identität. Zur Kulturpsychologie des Sinns, Heidelberg:
    Auer 1997; Vgl. Frindte, Wolfgang: Soziale Konstruktionen. Sozialpsychologische Vorlesungen, Op-
    laden: Westdeutscher Verlag 1998.
[44] Vgl. Baecker, Jochen et al.: Sozialer Konstruktivismus, a.a.O; Vgl. Hinchman, Lewis P. und Sandra K.
    Hinchman: Memory, Identity, Community, a.a.O., S. xx; S. xxviii.

Komplexität und Unsicherheit reduzieren, Handeln ermöglichen und – indem sie gesellschaftliche Erzählungen weitgehend mitbestimmen – von deren Charaktereigenschaften gut und böse, oben und unten und damit auch das Ende von Geschichten abhängen.

Damit wird auf einen zweiten Sachverhalt hingewiesen, der für die Analyse der Bedeutung von Menschenbildern in der Organisationskommunikation relevant ist: Menschenbilder haben als Konstruktionen auch Konsequenzen. Sie dienen als explizite oder implizite Grundannahmen einer Handlungsorientierung und -legitimation und sind folgenreich. Sie haben metaphorischen Charakter und entfalten somit zumeist performative Kraft: Menschenbilder konstruieren das Objekt, das sie beschreiben erst, leiten damit jedoch das Handeln. Tritt der konstruktive Charakter selbst jedoch zurück, so wird das Menschenbild zum „Abbild" und zur Grundlage des Handelns. Als solche werden sie oftmals zu „Manifestationen gesellschaftlicher Macht", da hier „der Glauben des Kommunikators an seine ‚Allmacht' […] oft eigentlicher Antrieb"[45] wird.

Menschenbilder dienen schließlich auch der nachträglichen Legitimation von Handlungen: Wer beispielsweise die aktuellen, gesellschaftlichen Erzählungen von einer starken Individualisierung[46] und Fragmentarisierung der Gesellschaft ernst nimmt und den Menschen zum sozialeren Wesen bekehren will, kann womöglich leichteren Gewissens für dessen zunehmende Fremdbestimmung plädieren. Auch wird er sich kaum über dadurch unweigerlich provoziertes, widersetzendes Handeln wundern, sondern dieses vermutlich als Bestätigung seines Menschenbildes und Bekräftigung seiner Handlungsorientierung interpretieren. Menschenbilder können so zu sich selbst erfüllenden Prophezeiungen werden. Als solche, legitimierende „Hilfskonstruktionen"[47] kommen Menschenbilder nach Oerter nicht nur in der persönlichen Kommunikation zum Einsatz, sondern beispielsweise auch in der Gesetzgebung oder Rechtssprechung, zu deren Grundlage sie werden können, sowie in der Wertediskussion:

„Menschliche Werte werden als unveränderlich und grundlegend dargelegt und bilden daher eine ideale Argumentationsbasis. Wenn man nämlich seine Entscheidungen vor solchen absoluten Größen zu

---

[45] Rollka, Bodo: Menschenbilder, Medien, Mythen – Zum Verhältnis von Kommunikatoren und Rezipienten, unveröffentlichtes Manuskript, Berlin: Universität der Künste, S.2.

[46] Vgl. Zur Kritik an der These von der Individualisierung vgl. Hondrich, Karl Otto: Der Neue Mensch, Frankfurt am Main: Suhrkamp 2001, 1. Ausg., S. 9, S. 41f.

[47] Vgl. Oerter, Rolf: Menschenbilder, a.a.O., S. 2.

rechtfertigen versucht, dann ist es schwer, gegen die getroffenen Maßnahmen zu argumentieren."[48]

Die Wirkung von Menschenbildern liegt dabei vor allem darin begründet, dass sie die zugrunde liegende Kontingenz bezüglich des Handelns anderer und, in Form von Selbstbildern, auch des eigenen Handelns invisibilisieren. Sie schreiben den Menschen auf unveränderbare oder veränderbare Eigenschaften und verbindliche Werte fest und naturalisieren damit kulturelle Zuschreibungen und Konventionen. Vor dem Hintergrund einer solchen Naturalisierung kultureller Zuschreibung ist auch der Weg zur Unterscheidung zwischen Mensch und Nicht-Mensch nicht weit: Einem „falschen" Menschenbild kann ein „richtiges" gegenübergestellt werden, oder, wie die Geschichte beispielsweise der Glaubenskriege oder auch die des Zweiten Weltkrieges zeigte, die Aberkennung des Menschseins anderer Menschen gerechtfertigt werden. Insbesondere die verzweifelte Suche nach jenen, über Metaphern erst hergestellten und damit insbesondere auf Vorstellungen basierenden Ähnlichkeiten führt – wenn beispielsweise die Gesellschaft zwingend über den Menschen geändert werden soll – schnell dazu, das Unähnliche umso stärker auszuschließen und sprachlich oder auch reell zu eliminieren.

2.3 Normative Menschenbilder als Protagonisten organisationaler Geschichten: Abbildung, Vision oder Zurichtung?

Zwar ist jedes Menschenbild insofern normativ, als dass ihm ein erkenntnistheoretischer Standpunkt zugrunde liegt, eine bestimmte subjektbezogene Perspektive auf den Menschen, die letztlich selbstbezüglich bleibt. Während einige Menschenbilder jedoch zu beschreiben versuchen, wie der Mensch ist (deskriptive), sagen andere etwas darüber aus, wie er sein sollte (normative). Insbesondere normative Menschenbilder werden vor allem dann thematisiert, wenn der Mensch oder allgemeiner die Gesellschaft als unzulänglich angesehen werden. Auf normativen, eine Anpassung des Menschen verlangenden Menschenbildern beruhende Organisationstheorien erhalten wiederum eine stark normativ-edukative Ausrichtung:[49] In einigen ethischen Lehren dienen Menschenbilder beispielsweise als Sollvorstellungen vom Menschen zur Durchsetzung bestimm-

---

[48] Oerter, Rolf: Menschenbilder, ebd.
[49] Vgl. Oerter, Rolf: Menschenbilder, a.a.O., S. 1.

ter Verhaltensmuster und Handlungsweisen und damit der Veränderung gesellschaftlicher Wirklichkeiten.[50] Nicht zuletzt sind damit verbundene Diskurse über das richtige oder beste Menschenbild oder auch die Suche nach einem „neuen Menschen" Ausdruck und Ausgangspunkt organisationaler und gesellschaftlicher Veränderungsprozesse, die wiederum zu neuen Problemstellungen in der Organisationspraxis führen und nach neuen Lösungen verlangen, und dementsprechend auch Ausdruck des Bedürfnisses ihrer Steuerung. Diese Vorstellungen vom Menschen entstehen nach Barsch und Hejl vor allem in Zeiten, in denen gesellschaftliche Praktiken und Wirklichkeitsdeutungen nicht mehr übereinstimmen.[51]

Dieser Zusammenhang wird insbesondere in Utopien vom „neuen Menschen" deutlich: In ihrem Aufsatz „Der neue Mensch – ein alter Traum" weisen Hettlig und Müller auf den Zusammenhang zwischen fundamentalen Orientierungskrisen von Gesellschaften und der Infragestellung von tradierten Menschenbildern durch Entwürfe vom „neuen Menschen" in der Zeit vom Mittelalter bis zur Gegenwart hin.[52] In derartigen Krisen vollzog sich zumeist eine Dekonstruktion von tradierten Menschenbildern, die Leerstellen erzeugte, welche nach einer Neu-Konstruktion vom Menschen verlangte. Es ist dabei anzunehmen, dass diese Suche nach dem „neuen Menschen" den Versuch darstellt, der Heterogenität und Widersprüchlichkeit zu entgehen, die aus der Konkurrenz von gesellschaftlichen und kulturellen Ordnungen entstehen kann. Zugleich sind damit Ideen- und Weltbilder sowie auch gesellschaftliche und damit auch organisationale Praktiken zur Veränderung gesellschaftlicher Grundfigurationen verbunden.

„Sofern gesellschaftliche Umbrüche als Orientierungskrisen erfahren werden, gehen sie oft mit einer Veränderung der Selbstdefinition des Menschen einher. Umgekehrt münden Visionen von der Gestaltung des „neuen Menschen" oft in politische und soziale Praktiken, die ihrerseits gesellschaftliche Umbrüche herbeiführen."[53]

---

[50] Vgl. Hesch, Gerhard: Das Menschenbild neuer Organisationsformen, a.a.O., S. 6.

[51] Vgl. Barsch, Achim und Peter M. Hejl: Zur Verweltlichung und Pluralisierung des Menschenbildes im 19. Jahrhundert: Einleitung, in: Achim Barsch und Peter M. Hejl (Hrsg.), Menschenbilder: Zur Pluralisierung der Vorstellung von der menschlichen Natur (1850 – 1914), Frankfurt am Main: Suhrkamp 2000, S. 7-90, S. 9ff.

[52] Hettling, Manfred und Michael G. Müller (Hrsg.): Menschenformung in religiösen Kontexten. Visionen von der Veränderbarkeit des Menschen vom Mittelalter bis zur Gegenwart, Göttingen: V&R unipress 2007, S. 8f.

[53] Hettling, Manfred und Michael G. Müller (Hrsg.): Menschenformung, a.a.O., S. 15.

Die Autoren schreiben weiter:

> „So wie jede kulturelle Ordnung auf normativen Vorstellungen von dem beruht, was die Natur des Menschen und der Geschlechter ausmacht bzw. gegen deren Natur verstößt – was also menschliches „Heil" bedeutet – so enthält jede Vision von Menschenveränderung auch Heils- und Glücksversprechen. Darin liegt eine (im weitesten Sinn) religiöse Komponente. Der „neue Mensch" wurde und wird meist gedacht im Zusammenhang mit der Verheißung, „natürliche" oder gesellschaftsstrukturelle Beschränkungen zu überwinden – und zwar meist nicht auf einem evolutionären Weg, sondern durch eine Art „Tigersprung" (Walter Benjamin) in eine höhere spirituelle, kulturelle, politische, soziale, geschlechtsspezifische etc. Ordnung."[54]

Exemplarisch lassen sich hier die „reformpädagogischen Erziehungskonzepte" zu Beginn des 20. Jahrhunderts nennen, die vor allem auf die Hervorbringung des „neuen", eines religiösen Menschen zielten, wobei eugenische Maßnahmen einen Teil des Projektes darstellten.[55]

Anzunehmen ist, dass derartige Versuche, den Menschen auf bestimmte Eigenschaften festzuschreiben, in erster Linie Verzweiflungsgesten in Bezug auf eine sich Steuerungsversuchen gegenüber weitgehend resistent erweisende Wirklichkeit sind. Strukturelle Probleme sollen durch die Einführung neuer Menschenbilder gelöst werden. Zugrunde liegt dabei die explizite Annahme, der Mensch ließe sich entsprechend dieser Vorstellungen ändern. Dieser Prozess wäre jedoch ausgesprochen voraussetzungsreich: Menschenbilder sind zunächst nur Bilder, die als Wirklichkeitskonstruktion mit anderen Wirklichkeitskonstruktionen im Wettbewerb stehen und sich zunächst einmal bewähren und angenommen werden müssen – insbesondere von jenen, die sie beschreiben und ändern sollen. Menschenbilder richten sich, so ließe sich vermuten, weniger an jene Menschen, die sie beschreiben, sondern vielmehr an jene, die über die Beschriebenen urteilen. Insbesondere normative Menschenbilder eröffnen somit nicht den Diskurs mit jenen, die sie beschreiben, sondern tendieren dazu, ihn abzubrechen. Die Ambivalenz normativer Menschenbilder liegt somit vor allem

---

[54] Hettling, Manfred und Michael G. Müller (Hrsg.): Menschenformung, a.a.O., S. 14.

[55] Zu reformpädagogischen, auf die Hervorbringung des neuen Menschen abzielenden Bestrebungen zu Beginn des 20. Jahrhunderts vgl. Baader, Meike Sophie: Menschenformung durch religiöse Erneuerung. Reformpädagogik um 1900, in: Manfred Hettling und Michael G. Müller (Hrsg.): Menschenformung, a.a.O., S. 113 – 132.

darin, dass sie im teils emanzipatorischen Eifer eingeführt ein Denken in Alternativen grundlegend ermöglichen, zugleich jedoch einer Verschleierung struktureller Probleme zuträglich sind und als Negation und Zurichtung des zu beschreibenden Menschen selbst einem Umgang mit dem Menschen den Weg bereiten, dessen Konsequenzen aufgrund mangelnder Handlungsdeterminierung kaum absehbar sind.

3   Menschen der Organisation und Organisationsmenschen: Leitbilder und Führungsinstrumente

3.1   Zwischen Determinismus und Interaktionismus

Im Folgenden geht es nun stärker um verschiedene, im Kontext der Organisationskommunikationsforschung diskutierte Menschenbilder. Auf diese wird nun in verkürzter Form eingegangen. Sie ausführlicher zu analysieren und in den Gesamtkontext des Weltbildes der Autoren einzuordnen bleibt Aufgabe folgender Arbeiten. Im Vordergrund stehen nun Menschenbilder in der politischen und wirtschaftlichen Organisationskommunikation.

Da sich viele Theorien der Organisationskommunikation unter anderem an der Frage scheiden, ob menschliches Handeln die Organisation prägt oder strukturelle Rahmenbedingungen die Organisation und somit auch den Menschen, lassen sich auch sozialwissenschaftlichen Auffassungen über den Menschen vereinfacht unter anderem vor dem Hintergrund zweier Pole verorten.[56] Beide idealtypische Pole unterscheiden sich hinsichtlich der Frage des Einflusses, der Freiheit des menschlichen Willens, wobei zwischen ihnen viele Zwischenpositionen auszumachen sind. Die als deterministisch zu bezeichnende Position geht im Extremfall davon aus, dass der Einzelne ein Verhaltenssystem darstellt, das durch äußere Reize in seinem Verhalten determiniert und damit über eine Veränderung der Situation steuerbar ist. Seine Ursprünge hat diese insbesondere in der behavioristischen Psychologie bzw. im Behaviorismus (Skinner), aber auch im Strukturalismus. Demnach sind es vor allem extern vorgegebenen Strukturen, Werte, Normen und Leitbilder, die den Menschen in sei-

---

[56] Vgl. Ochsenbauer, Christian und Bernhard Klofat. Überlegungen zur pragmatischen Dimension der aktuellen Unternehmenskulturdiskussion in der Betriebswirtschaftslehre, in: Edmund Heinen (Hrsg.), Unternehmenskultur. Perspektiven für Wissenschaft und Praxis, München und Wien 1987, S. 67-106.

nem Handeln determinieren. Demgegenüber gesteht die interaktionistische und voluntaristische Position dem Menschen Handlungsautonomie und einen freien Willen zu, die nicht auf einfache Ursache-Wirkungszusammenhänge zurückführbar sind. Der Mensch selbst prägt sein Umfeld, konstruiert dieses und reagiert auf seine eigenen Konstruktionen.

Die dem deterministischeren Pol zuordenbare Annahme der Führbarkeit des Menschen findet sich vor allem in frühen Ansätzen der Organisationskommunikation. Nährboden dieser war die vor dem Hintergrund der zunehmenden Organisation und Ermächtigung von Arbeitern zur Zeit der Industrialisierung sowie den Ohnemachtsproklamationen linker Strömungen entstandene Massenpsychologie und -theorie. Die Massentheorie diente nicht nur der Beschreibung von Menschen. Als Handlungswissenschaft gedacht sollte sie vor allem Mittel bereitstellen, mit denen sich die „Massen" in ihrem Handeln einschränken ließen. Man fürchtete deren zunehmende politische Macht und deren politischen Einfluss insbesondere auf die allgemeine, öffentliche Meinung. Der „Massenmensch" wurde vor allem von dem französischen Arzt und Begründer der Massenpsychologie, Gustave Le Bon, in seinem Werk „Psychologie der Massen" von 1895 zum weitgehend irrationalen und triebgeleiteten, zum unverantwortlichen und zugleich emotionalisierten und kulturlosen Wesen erklärt, das weder durch Religion noch Wahrheit zu bändigen sei, jedoch durch starke Führung kontrolliert werden müsse.[57] Seine unverfrorene Verweigerung des Gehorsams und Respekts gegenüber gesellschaftlichen, tugendhaften und rationalen Eliten deutet er darin als Übergang in die Barbarei und sittliche Entartung, welcher entgegengewirkt werden müsse. Anders motiviert, aber ähnlich grundlegend war auch die Kritik des spanischen Philosophen José Ortega Y Gasset. Dieser sah sich in „Aufstand der Massen" im Jahr 1930 der Gefahr sozialer Angleichung gegenüber, die aus seiner Sicht insbesondere von dem neuen Menschentypus des unbelehrbaren, vulgären Massenmenschen ausging.[58] Die fundamentale Unmoral des Massenmenschen liegt nach Ortega Y Gasset dabei in dessen Nivellierung moralischer Bindungen begründet, die als Verzicht auf Unterordnung, Dienst- und Verantwortungsbewusstsein gedeutet wird. Der Mensch geriert hier zum schlechten Wesen, von dem Gefahren für die Gesellschaft, deren Ordnung und Moral ausgehen und das von allmächtigen Kommunikatoren geführt werden müsse.

---

[57] Le Bon, Gustave: Psychologie der Massen, Stuttgart: Alfred Kröner Verlag 1895.
[58] Orgega Y Gasset, José: Der Austand der Massen, Stuttgart und Berlin: Deutsche Verlags-Anstalt 1931.

3.2 Massenwesen, Mensch und Partner: Menschenbilder in Public Relations, Werbung und Politischer Kommunikation

An dieses Modell vom Menschen sowie die Dichotomie Geführter/Führer knüpften auch frühe Ansätze der Organisationskommunikation, d.h. vor allem der externen Wirtschaftskommunikation sowie auch der politischen Kommunikation an.[59] Insbesondere die Autoren der frühen Lehren und Theoriebildungen verwandten Begriffe wie Public Relations, Werbung oder auch jenen der Propaganda zumeist weitgehend synonym. Hintergrund jener Kommunikationskonzepte und normativen Menschenbilder, wie sie sich zu Beginn des 20. Jahrhunderts entwickelten, waren insbesondere allgemeine gesellschaftliche und kulturelle Krisenwahrnehmungen: Die Autoren sahen sich zumeist gesellschaftlichen Spannungen gegenüber, die durch Kommunikation abgeschliffen werden sollten. Die Kommunikation von Organisationen sollte hierin nicht nur dieser selbst dienen, sondern vielmehr die gesellschaftlichen Prozesse effektivieren und im Sinne eines „Social Engineering" die Umgestaltung, d.h. die Organisation der Gesellschaft ermöglichen.

Die Idee der Veränderung sozialer Prozesse durch Erziehung steht insbesondere bei dem PR-Praktiker und Urvater der PR-Lehre, Edward Bernays im Vordergrund. Auch Bernays versteht den Menschen als Wesen, das in einer „Masse" triebgeleitet und irrational wird. Eine entsprechende Umorganisation der Gesellschaft, die er hier als eine Art Organismus versteht, soll wiederum durch einfache Reize durch einen Führer und Sozialingenieur – den PR-Experten –erfolgen. Diesem wird hiermit eine soziale Bedeutung zugewiesen: Er hat zur Überwindung der chaotischen Zustände in der Gesellschaft, zur Erhaltung sozialer Ordnung und effizienten Steuerung dieser beizutragen und für die Unterordnung privater unter öffentliche Interessen Sorge zu tragen. Diese Vorstellung übernimmt auch der deutsche, vor Ende des Zweiten Weltkrieges noch völkisch gesinnte PR-Praktiker und Theoretiker Carl Hundhausen. Auch Hundhausen teilte damals die von antisemitischen Rhetoriken eingekleideten Kritiken an einzelnen „egoistischen" Wirtschaftsakteuren wie Bankern.[60] Auch

---

[59] Auf die Bedeutung von Menschenbildern in diesem Kontext wies als einer der ersten Rollka hin: Rollka, Bodo: Menschenbilder als Grundlage werblicher Kommunikation, in: Monique Samuel-Scheyder und Phillippe Alexandre (Hrsg.), Pensée pédagogique. Enjeux, continuités et ruptures en Europe du XVIe au XXe siècle, Bern 1999, S. 385-402. Aufbauend auf Rollkas Paradigmenbildung systematisiert auch Bussemer verschiedene Konzepte und Theorien der Propaganda: Bussemer, Thymian: Propaganda. Konzepte und Theorien, Wiesbaden: VS Verlag 2005.

[60] Hundhausen, Carl: Public Relations, in: Zeitschrift für Betriebswirtschaft, 15. Jg., Nr. 1, 1938, S. 48-61, hier S. 49.

später noch, in seinem Werk „Werbung um öffentliches Vertrauen. Public Relations" (1951), lehnt Hundhausen in Tradition seiner früheren Arbeiten und seiner Beschäftigung mit dem Ideal der Betriebsgemeinschaft stehend das Menschenbild des homo oeconomicus zugunsten der Vorstellung vom Menschen als
soziales Wesen ab, das nach Achtung, Leben, Würde, Sicherheit und
Vergemeinschaftung strebe. Auch hallt hier die Wunschvorstellung einer gesellschaftlichen Gemeinschaft nach, wenn er schreibt:

> „Die Kongruenz der Interessen zwischen Öffentlichkeit und Unterneh-
> mung auf allen Lebensgebieten ist die Voraussetzung einer echten Ge-
> meinschaft innerhalb der Unternehmung und der Beziehungen zwischen
> der Unternehmungs-Persönlichkeit und den weiteren Kreisen der Öffent-
> lichkeit. Der Herbeiführung dieser Gemeinschaft hat alle Public-
> Relations-Arbeit zu dienen."[61]

Was sich in Bezug auf die Kommunikation von Wirtschaftsorganisationen aussagen lässt, findet sich auch auf gesellschaftlicher Ebene: Der Werbe- und Pro-
pagandatheoretiker Hans Domizlaff beispielsweise gründet seine Werbelehre
und seine Anregungen für Propaganda auf die Vorstellung, der Mensch würde
in der Masse seine Rationalität weitgehend verlieren. Als Teil einer denkfaulen,
unberechenbaren und verantwortungslosen Masse ist er nicht in der Lage zu
entscheiden, was das Beste für ihn und das Allgemeinwohl sei und sucht zugleich nach starker Führung.[62] Eine besondere Rolle kommt aus seiner Sicht
dem Zensor zu, der hier als Sittenrichter und Erzieher legitimiert ist. Domizlaff,
der sich mit seiner Lehre vor allem dem neuen Regime anzubiedern versuchte,
wurde in dieses genauso wenig involviert wie Johann Plenge, der mit seiner
Propagandalehre indirekt ebenso wesentliche Anregungen und Legitimations-
grundlagen lieferte. Wesentlicher Ausgangspunkt Plenges Propagandalehre war
für den Münsteraner Staatswissenschaftler und Soziologen insbesondere die
Vorstellung, eine in stärkste Gegensätze zerrissene Gesellschaft müsse durch
Propaganda aus dem Chaos in den „Kosmos", in eine zusammenfassende Organisation und einigende Ordnung überführt werden, die er selbst als nationalen
Sozialismus verstand. Organisation und Gesinnungskommunikation,

---

[61] Hundhausen, Carl: Werbung um öffentliches Vertrauen. Public Relations. Bd. 1, Essen: Verlag W.
Girardet 1951, S. 165.
[62] Vgl. Domizlaff, Hans: Propagandamittel der Staatsidee, als Ms. gedr., Leipzig: Poeschel &
Trepte, 1932, S. 27.

d.h. Werbung für soziale Ideen, gehören aus seiner Sicht zur Weckung des Gemeinschaftsbewusstseins auch hier unweigerlich zusammen.

Auch sein Freund, der Bremer Kaufmann Ludwig Roselius, der sich zu Beginn des letzten Jahrhunderts um eine Intensivierung der deutschen Propaganda bemühte, sieht den Menschen, an den sich die Kommunikation zu richten hat, als Massenwesen. In einem Brief an den Unterstaatssekretär Zimmermann, in dem er seinen Vorschlag für die nationale Organisation der Propaganda vorstellt, schreibt Roselius am 5. Januar 1915:

> „Um die Vorteile, welche eine gute Organisation den Massen anbietet, ins richtige Licht zu setzen, muß Propaganda gemacht werden. Propaganda ist ein erweiterter Begriff für Reklame. [...] Reklame machen in gutem Sinn bedeutet: Als Wissender des Guten andere Menschen, die dieses Gute noch nicht kennen, aufzuklären und ihnen dieses Gute ohne Zwang zugänglich zu machen."[63]

Ähnliche Vorstellungen finden sich auch in der frühen Lehre von der Publizistik. Auch der Begründer der deutschen Zeitungswissenschaft, Emil Dovifat, baut zur Legitimation seiner Elitentheorie auf die Massentheorie auf. Bei ihm erscheint die Masse als unmoralisch und Medien als zentrale Mittel der Führung dieser. „Egoismus", „Snobismus", „Kommerzialisierung" und „Amüsierbetrieb" gelten bei ihm auch später noch, nach 1945, als schlecht, da sie seiner Auffassung zufolge das Wissen um die öffentlichen Pflichten und damit auch die „aktive politische Mitarbeit" und notwendige „Einheit der Nation" blockieren würden.[64] In seiner normativen Publizistik formuliert er darauf aufbauend die Vorstellung vom journalistischen, politisch gesinnten Führer, den er selbst als „verantwortungsbewussten Publizisten" klassifiziert. Diese Idee der Gemeinschaft, der emotionalen, traditionalen, vertrauensvollen und fürsorglichen Zusammengehörigkeit als Gegenpol zur unruhigen und unkontrollierbaren Masse wurde nicht nur für Unternehmen zum Leitbild, sondern in der damaligen Zeit auch für die Gesellschaft als Ganze.[65]

---

[63] Roselius, Ludwig: Briefe und Schriften zu Deutschlands Erneuerung, Oldenbourg 1933.

[64] Dovifat, Emil: Handbuch der Publizistik. Bd 1: Allgemeine Publizistik, Berlin: Walter De Gryter & Co 1968, S. 294f.

[65] Dovifat, Emil: Die publizistische Persönlichkeit. Charakter, Begabung, Schicksal, International Communication Gazette, Nr. 2, 1956, S. 157.

Mit der Ablösung von liberalen Vorstellungen vom Menschen, an deren Stelle nun die moralisierende Kritik an Werbung und Konsum sowie die pessimistische Deutung vom Menschen trat, erlebten nicht nur Vorstellungen von Erziehung, Führung und Sozialisation des Einzelnen zum wohlgesinnten Gemeinschaftswesen Konjunktur. Homogenität sollte schließlich auch durch die Einschränkung und zugleich den Ausschluss Einzelner – oftmals als Gefahren am „Volkskörper" wahrgenommen – erreicht werden. Die Radikalisierung und Konsequenzen des Bildes vom unmoralischen Menschen, welches zugleich der Forderung nach einem moralischeren Wesen gegenüber stand, fand sich insbesondere bei nationalsozialistisch gesinnten Publizisten wie Wilhelm Stapel, die den der Gemeinschaft nicht dienenden Menschen auf rhetorischer Ebene als wertlos klassifizierten. In seinem Werk „Volksbürgerliche Erziehung" schreibt er im Jahr 1928 über den Menschen: „Er hat als bloßes Individuum, von sich aus, keinerlei Recht auf Leben [...]. Dieses Individuum erhält erst seien Wert aus dem Sinnzusammenhang des Ganzen, dem es angehört".[66]

Während frühe Lehren der Organisationskommunikation den Menschen somit als weitgehend manipulierbares Wesen begreifen und zur Erreichung des gewünschten Verhaltenszustandes auf symbolische Kommunikation und rationale bzw. moralische Führung setzen, lösen sich vor allem spätere, in den 1970er und 1980er Jahren entwickelte Theorien von diesem Menschenbild ab. Kommunikation wird stärker als interaktiver und dialogischer Prozess konzipiert, jedoch auch hier wieder normativ eingebettet: Ganzheitlichkeit, Autonomie, Symmetrie, Gleichheit und Verantwortung werden zu zentralen Begrifflichkeiten in diesem Kontext.[67] Dieses bis heute dominante Paradigma der PR-Forschung – das Dialogmodell – und sonstige auf Verständigung bauende Ansätze korrespondieren mit dem normativen und gedanklichen Theoriegebäude des deutschen Philosophen Jürgen Habermas, oder greifen explizit darauf zu-

---

[66] Stapel, Wilhelm: Volksbürgerliche Erziehung, Hamburg, Berlin und Leipzig, 3. Aufl. 1928, S. 180f.; vgl. Lenk, Kurt: Menschenbilder in der Politik, in: Rolf Oerter (Hrsg.), Menschenbilder, a.a.O., S. 94 – 98, S. 98.

[67] Vgl. Pearson, R.: A Theory of Public Relations Ethics, unpublished doctoral dissertation, Ohio University 1989; vgl. Grunig, James E. und Todd T. Hunt: Managing Public Relations, Fort Worth, TX: Holt, Rinehart and Winston 1986; Grunig, James E., Larissa Grunig und David M. Dozier: Das situative Modell exzellenter Public Relations, in: Günter Bentele, Horst Steinmann und Ansgar Zerfaß (Hrsg.), Dialogorientierte Unternehmenskommunikation. Grundlagen – Praxis – Erfahrungen – Perspektiven, Berlin, S. 199-229; Grunig, James E. und James White: The effect of worldviews on public relations theory and practice, in: James E. Grunig (Hrsg.), Excellence in Public Relations and Communication Management, Hillsdale, NJ: Lawrence Erlbaum 1992, S. 31–64.

rück.[68] Auch Habermas schwebt eine aktive Koordinierung von Handlungen zur Erfüllung sozialer Ziele durch moralische Kommunikation vor: Sie soll durch „kommunikatives" statt strategisches oder instrumentelles Handeln erfolgen.[69] Der Mensch wird auch in diesem Paradigma normativ konzipiert: als rationales und kommunikatives, dem emotionalisierten und manipulierbaren entgegenstehendes Wesen, das jedoch nach wie vor der Sozialisation bzw. Erziehung bedarf, um in den Zustand der Mündigkeit eintreten zu können.

Wie eingangs beschrieben haben sich insbesondere jüngere Arbeiten vor dem Hintergrund erkenntnistheoretisch fundierter Perspektiven auch von diesem Menschenbild zum Teil abgewandt. Der Mensch wird als erfolgsorientiert handelndes Wesen konzipiert, das per se in Interaktion mit anderen steht und Bedeutung diskursiv aushandelt. Kommunikation wird vor diesem Hintergrund als symbolische und intentionale Interaktion zwischen Akteuren konzeptualisiert, die Grundannahmen und Erwartungen über den Gegenüber mit sich führt und zur gemeinsamen Konstruktion von Wirklichkeit dient, womit jeglicher Anspruch auf Letztbegründung abgegeben werden muss.[70] Dies spiegelt sich auch in der Organisationskommunikationsforschung wieder, die Organisationsbilder stärker als ausgehandelte Konstrukte begreift, und die angenommene Symmetrie als abhängig vom Beobachter.[71]

---

[68] Habermas, Jürgen: Theorie des kommunikativen Handelns, a.a.O.. Dieses fand in der deutschen PR-Theorie in unterschiedlicher Weise Anwendung. Vgl. Burkart, Roland: Die Wahrheit über die Verständigung. Replik, in: Public Relations Forum, Jg. 6, Nr. 2, 2000, S. 96-99; Burkart, Roland:On Jurgen Habermas and Public Relations, Public Relations Review, Nr. 33, 2007, S. 249-254. Zur Kritik an diesem Modell der symmetrischen und dialogischen Kommunikation vgl. Rolke, Lothar: Die gesellschaftliche Kernfunktion von Public Relations – ein Beitrag zur kommunikationswissenschaftlichen Theoriediskussion, in: Publizistik, Nr. 44, 1999, S. 431-444; Merten, Klaus: Die Lüge vom Dialog. Ein verständigungsorientierter Versuch über semantische Hazards, in: Public Relations Forum, Nr. 6, 2000, S. 6-9; Röttger, Ulrike, Public Relations - Organisation und Profession, Wiesbaden: Westdeutscher Verlag 2000.

[69] Habermas, Jürgen: Theorie des kommunikativen Handelns, a.a.O., S. 370 und 385ff.

[70] Vgl. Blumer, Herbert: Der methodologische Standort des Symbolischen Interaktionismus, a.a.O.; vgl. Schmidt, Siegfried J.: Geschichten und Diskurse, a.a.O..

[71] Vgl. Cancel, Amanda E., Glen T. Cameron, Lynne M. Sallot and Michael A. Mitrook: It depends: a contingency theory of accommodation in public relations, Journal of Public Relations Research, Jg. 9, Nr. 1, 1997, S. 31-63; Vgl. u. a. Witzer, Brigitte: Kommunikation in Konzernen. Konstruktives Menschenbild als Basis neuer Kommunikationsstrukturen, Opladen: Westdeutscher Verlag 1992.

3.3   Von homo oeconomicus *bis* homo socialis: *Konzepte der Führung, Organisationskultur und Corporate Identity*

Normative und deskritpive Menschenbilder kommen auch zum Tragen, geht es um Prozesse der internen Organisationskommunikation. Hier fungieren sie in erster Linie als Führungsinstrumente: Die Auffassung eines Vorgesetzten bzw. Führers von der Persönlichkeit seines Untergebenen bzw. Geführten ist grundlegend für seine Kommunikation und Führungstaktik und umgekehrt.[72] Auch beeinflussen die Annahmen über den Mitarbeiter oder Manager indirekt die Realität von Organisationen, ihre Struktur, die Entwicklung und Anwendung klassischer Instrumentarien wie Führungs-, Anreiz- und Kontrollsysteme und sonstige Organisationskommunikationen.[73]

Expliziert finden sich Menschenbilder in empirischen Persönlichkeitstheorien, Managertypologien oder aber in Form von Leitbildern, die Grundlage der Management- bzw. Führungsphilosophie eines Unternehmens darstellen und zugleich auf Fragen der kommunikativen Organisation eingehen. Sie enthalten wünschens- und erstrebenswerte Fähigkeiten, Einstellungen, Werthaltungen und Verhaltensweisen des Mitarbeiters und Managers, die wiederum aus zuvor definierten, auf (idealen) Organisationsstrukturen beruhenden Anforderungen abgeleitet werden und an denen sich die unternehmerischen Interaktionen von Mitarbeitern und Managern und die organisatorischen Strukturen orientieren sollen.[74] Derartige Persönlichkeitstheorien, wie sie zumeist implizit vorliegen, wurden beispielsweise in den prominenten Typologien von McGregor und Schein expliziert, hier jedoch nicht empirisch fundiert (spektulative Persönlichkeitstheorien).

Auch wissenschaftliche Auseinandersetzungen mit Organisationskommunikation, wie sie in der Organisationssoziologie und der Kommunikationswissenschaft, aber auch der Wirtschaftsethik geführt werden, bauen implizit oder auch explizit auf bestimmte Vorstellungen vom Menschen auf. Neben Theorien zur kommunikativen Führung bzw. Führungstheorien[75] setzen sich hier vor allem Ansätze der Organisationskultur und Organisationsidentität bzw. Corporate Identity mit den Möglichkeiten der Steuerung des menschlichen Handelns in

---

[72] Vgl. u.a. Staehle, Wolfgang H.: Management – eine verhaltenswissenschaftliche Perspektive, 6. Aufl., München 1991, S. 173.

[73] Vgl. Hesch, Gerhard: Das Menschenbild, a.a.O., S. 1f., S. 55.

[74] Vgl. Hesch, Gerhard: Das Menschenbild, a.a.O., S. 31.

[75] Vgl. Hesch, Gerhard: Das Menschenbild, a.a.O., S. 34.

Organisationen auseinander, und greifen dabei partiell wieder auf normative Menschenbilder zurück. Im Zentrum dieser teils gegensätzlichen Auseinandersetzungen steht dabei die Frage, wie Menschen als Mitglieder und zugleich Mittel der Organisation in ihrem Handeln entlang formaler, rationaler Strukturen „ausgerichtet" und deren Erfüllung formalisierter Mitgliedschaftserwartungen (Konformität) sichergestellt werden können. Handlungsleitende Funktion soll in diesem Zusammenhang insbesondere ein Wertesystem übernehmen, welches den Mitgliedern bestimmte Handlungsrollen zuweist und insbesondere den Gegenstand der Unternehmenskultur darstellen soll. Während diese Fragen in ökonomischen Lesarten vor dem Hintergrund des Interesses gestellt werden, die übergeordneten Ziele der Organisation möglichst effizient durchzusetzen, widmen sich politischere und ethischere Perspektiven diesen häufig in der Absicht, primär gesellschaftliche Interessen wie das abstrakte des Gemeinwohles durch moralisches Verhalten erfüllen zu können.

Auf Menschenbildern gründen sich auch Vorstellungen vom Zusammenleben der Menschen: Der Diskurs über Unternehmenskultur beispielsweise ist gekennzeichnet von sehr konträren Auffassungen von Kultur, die wiederum mit konträreren Menschenbildern in Zusammenhang stehen.[76] Zum einen findet sich die normative, dem traditionellen Verständnis von Kultur entsprechende Auffassung, jemand habe Kultur: Der semantisch heterogenen Begriff Kultur wurde in Anknüpfung an die ursprüngliche Bedeutung, die Bearbeitung der Natur bzw. des Bodens, auf die Bearbeitung oder Kultivierung des menschlichen Verstandes und des Verhaltens übertragen[77] und meint hier die Normen und Werte einer bestimmten Gruppe von Menschen (z.B. Mitarbeiter). Vertreter der ersten Sichtweise, zu denen insbesondere erste Apologeten aus der Unternehmenspraxis wie Peters, Waterman, Deal und Kennedy gehören, gehen davon aus, dass Organisationen „Kultur" in Form von kulturellen Artefakten wie unternehmensspezifischen Legenden, Riten, Ritualen und Zeremonien als „kollektive Programmierung" des Bewusstseins der Mitglieder[78] interventionalistisch erzeugen und deuten sie vor allem normativ: als Wertesystem.[79] Damit verbunden sind wiederum Vorstellungen von Kultur- oder Wertemanagement in Un-

---

[76] Vgl. Schein, Edgar H.: Organizational Psychology, 2. Aufl., New Jersey 1970, S. 113. Zu Unternehmenskultur aus betriebswirtschaftlicher Sicht vgl. auch Heinen, Eduard: Unternehmsnkultur, a.a.O.. Einen Überblick über Managementansätze und die zugrunde liegenden Menschenbilder bietet Schmidt, Siegfried J.: Unternehmenskultur, a.a.O., insb. S. 232f und S. 27ff.

[77] Vgl. Kramer, Jürgen: British Cultural Studies, München 1997, S. 50ff.

[78] Vgl. Hofstede, Geert: Kultur und Organisation, in: Erwin Grochla (Hrsg.), Handwörterbuch der Organisation, Bd. 2, 2. Aufl., Stuttgart 1980, S. 1168-1182, hier S. 1169.

[79] Vgl. Hofstede, Geert: Kultur und Organisation, a.a.O., S. 1169.

ternehmen. Auch die Corporate Identity-Diskussion, wie sie von Unterneh-
mensberatern wie Wally Olins angestoßen und von Autoren wie Gertrud Achterholt und Ingrid Keller weiterentwickelt wurde, entstand angesichts der Beobachtung eines allgemeinen Verlustes von Sinn und emotionalen Beziehungen
im Unternehmen sowie neuer Erwartungen an eine gesellschaftspolitische Verantwortung von Unternehmen.[80] Corporate Identity sollte hier dazu dienen, über
verbindliche, ethische Leitbilder und „Orientierungshilfen" das Verhalten der
Mitarbeiter, deren Loyalität und Vertrauen zum Unternehmen sowie die externe
Reputation der Organisationen zu stärken.[81]

Diesem normativen Verständnis, jemand habe Kultur, steht ein dem interaktionistischen Ansatz folgendes, erkenntnistheoretisch begründetes Verständnis gegenüber, dementsprechend der Mensch Kultur ist. Kultur meint danach nicht ein absolutes bzw. organisches Wertesystem, dementsprechend die
Menschen handeln, da sich die soziale Ordnung nicht in der Befolgung dieser
Sets von Regeln, Normen, Werten und Sanktionen, die den Menschen genau
vorschreiben, wie sie in den verschiedenen Situationen zu handeln haben, auflö-
sen lässt. Entsprechend dieser Vorstellung vom Menschen wird davon ausge-
gangen, dass soziale Beziehungen im Handeln entstehen und auch die Regeln
im Zusammenspiel der Handelnden als veränderbare Konventionen erst geschaffen werden müssen.[82] Vertreter dieser individualistischen oder interpretati-
ven Unternehmenskulturforschung verstehe Organisationen als Kultur, d.h. als
ein Beziehungsgeflecht von symbolischen Kommunikations- und Interaktions-
prozessen. Strukturen und Prozesse werden hier als Ergebnis kommunikativen
Handelns betrachtet, die sich ebenso wenig erzeugen lassen, wie die Werte der
Mitarbeiter. Vor dem Hintergrund dieser Dichotomie lassen sich auch die von
Wirtschafts- und Kommunikationswissenschaftlern entwickelten Managementansätze und Unternehmenskulturdefinitionen verorten: als objektivistische oder
interventionalistische auf der einen, und individualistische Ansätze auf der anderen Seite.[83]

---

[80] Vgl. Keller, Ingrid: Das CI-Dilemma. Abschied von falschen Illusionen, Gabler: Wiesbaden 1990, S.
26f, S. 69; vgl. Achterholt, Gertrud: Corporate Identity. In zehn Arbeitsschritten die eigene Identität
finden und umsetzen, 2. überarb. Aufl., Wiesbaden: Gabler 1991, S. 36 und 189; Olins, Wally: Corporate Identity. Strategie und Gestaltung, Frankfurt am Main und New York: Campus Verlag 1990 (original 1989, London: bei Thames and Hudson)..

[81] Vgl. Achterholt, Gertrud: Corporate Identity, a.a.O., S. 18ff; vgl. Olins, Wally: Corporate Identity,
a.a.O.; vgl. Keller, Ingrid: Das CI-Dilemma, a.a.O., S. 21.

[82] Blumer, Herbert: Der methodologische Standort, a.a.O., S. 98.

[83] Zur Gegenüberstellung des objektivistischen und des individualistischen Unternehmenskulturbegriffes
in den Unternehmenskulturansätzen vgl. Witzer, Brigitte: Kommunikation in Konzernen, a.a.O., S.
70ff.

Menschenbilder sind schließlich auch mit verschiedenen Vorstellungen von Organisationen verbunden. Sowohl die in der Wirtschaftstheorie als auch die in den Ansätzen zur Unternehmenskultur diskutierten Menschenbilder sind bereits Bestandteil zahlreicher Untersuchungen.[84] Sie lassen sich paradigmatisch zwischen zwei Polen verorten: an dem Pol des klassischen Menschenbildes der liberalen Wirtschaft – dem als weitgehend rational verstandenem homo oeconomicus – und an dem Pol des aus der Kritik am homo oeconomicus und dieser Wirtschaftstheorie entstandenem sozialen Menschen, dem homo socialis.[85] Beide Menschenbilder waren teilweise Gegenstand allgemeinerer, gesellschaftlicher Narrationen, insbesondere gültiger Auffassungen über das Verhältnis von Wirtschaft und Gesellschaft. Der Eigennutzenmaximierer und der an anderen Menschen und der Gemeinschaft orientierte soziale Mensch stehen sich seit Herausbildung der Wirtschaftswissenschaften gegenüber und sind in engem Zusammenhang mit den Vorstellungen von Vernunft und Emotion, von Glück und Moral sowie mit den eingangs erwähnten Idealtypen von Gemeinschaft und Gesellschaft zu sehen.

Der homo oeconomicus entstand einst mit der Herausbildung der nationalökonomischen Lehre und hierin als theoretischer Begleiter für die Ablösung des Feudalismus und die Herausbildung der modernen Marktgesellschaft im Verlaufe des im 18. Jahrhundert. Während Lebensverhältnisse im Feudalismus durch obrigkeitliche Regelungen, Gesetze und Normen strukturiert wurden, wurden im Rahmen des damaligen Liberalisierungsprozesses Forderungen an den Staat laut, sich aus dem Wirtschaftsprozess herauszuhalten und individualvertragliche Regelungen mit beliebigen Partnern sowie die Freiheit des Eigentums zuzulassen. Für den englischen Moralphilosophen und Nationalökonomen Adam Smith (1723 – 1790), der diese Vorstellung vom Menschen artikulierte, war nicht wie noch bei Rousseau der Gemeinwille „das Gute" und dementsprechend auch keine Unterordnung des Einzelnen zur Wahrung des „sittlichen Naturzustandes" notwendig.[86] Sondern es war gerade die Freisetzung des Eigenin-

---

[84] Vgl. Bader, Wolfgang: Neues Menschenbild für die Ökonomie. Interdizsiplinäre Fundierung neuer Menschenbilder aus ökonomischer Sicht, Ludwigsburg und Berlin 1994; Vgl. Bievert, Bernd und Martin Held (Hrsg.): Das Menschenbild in der ökonomischen Theorie. Zur Natur des Menschen, Frankfurt am Main und New York: Campus 1991; Vgl. Werhan, Peter: Menschenbild, Gesellschaftsbild und Wissenschaftsbegriff in der neueren Betriebswirtschaftslehre, Bern: Haupt 1980; Vgl. Woll, Helmut: Menschenbilder in der Ökonomie, München und Wien: Oldenbourg 1994.

[85] Schultz, Friederike, Symbolische Praxen, a.a.O.

[86] Vgl. Russel, Bertrand: Denker des Abendlandes. Eine Geschichte der Philosophie, Stuttgart und München 1991, S. 322; Vgl. Störig, Hans Joachim: Kleine Weltgeschichte der Philosophie, erw. Neuausgabe, Stuttgart: Kohlhammer 1999, S. 379f.

teresses, das Glücksstrebens und die Selbstverwirklichung, die zum Fortschritt, anhaltenden Wirtschaftswachstum und Gemeinwohl aller führen würden.[87] Das implizite Menschenbild des homo oeconomicus war dabei keineswegs so „unmoralisch" und „gefühlskalt", wie ihm heute nachgesagt wird. Smith hatte es zuvor in der Moralphilosophie, der Disziplin, die sich mit dem guten Leben beschäftigte, entwickelt. Smith teilte die Annahmen seines Freundes und Zeitgenossen, des schottischen Moralphilosoph David Hume (1711 – 1776), demzufolge nicht die theoretische Vernunft das sittliche Handeln des Menschen bestimmen, sondern seine Leidenschaften und Interaktionen mit anderen.[88] Jedes moralische Urteil und Handeln geht daraus hervor, dass er mit Mitmenschen mitfühlen und sich in sie hinein versetzen kann.[89] Eigeninteresse gehört für ihn damit genauso zum menschlichen Seelenleben wie das Gefühl der „Sympathie", das den Menschen zur Anteilnahme am Leben der anderen führt.[90]

Dieses Menschenbild, das zur damaligen Zeit selten als einziges hermeneutisches Prinzip galt,[91] wurde im Laufe der Zeit weiter abstrahiert und stark weiterentwickelt und liegt auch der im Zuge der Industrialisierung gegen Ende des 19. Jahrhunderts entwickelten industriellen Organisation sowie der Lehre von der modernen Arbeitsteilung implizit zugrunde.[92] Die Ideen Smiths, die Produktivität durch spezialisierte Arbeiten zu steigern, wurden vor allem im Scientific Management des amerikanischen Ingenieurs Frederick Winslow Taylor, dem so genannten „Taylorismus", perfektioniert.[93] Seinem Begründer ging

---

[87] Vgl. Manstetten, Rainer: Die Wirtschaft und das gute Leben. Praktischer Philosophie und Politische Ökonomie bei Adam Smith und seinen Nachfolgern, in: Dialektik: enzyklopädische Zeitschrift für Philosophie und Wissenschaften, Hamburg: Felix Meiner Verlag 1999, S. 43-62, hier S. 49.

[88] Vgl. Solomon, Robert C. und Kathleen M. Higgins (Hrsg.): Eine kurze Geschichte der Philosophie, München: Piper 2000, S. 160.

[89] Vgl. Hume, David: Eine Untersuchung über die Prinzipien der Moral, hrsg. von Gerhard Streminger, 2. Aufl., Stuttgart 1996; Vgl. insbesondere: Abschnitt V., Warum die Nützlichkeit gefällt (S. 133 – 156) und Anhang I: Über das moralische Gefühl (S. 215 – 226); Vgl. auch: Ders.., Ein Traktat über die menschliche Natur. 2 Bde., hg. von Reinhard Brandt, Hamburg 1989.

[90] Vgl. Smith, Adam: Theorie der ethischen Gefühle, hg. von Walther Eckstein, Hamburg: Meiner 1994. Zur Bedeutung des Werkes vgl. Einleitung des Herausgebers, S. XIff. Vgl. Russel, Bertrand: Denker des Abendlandes, a.a.O., S. 355.

[91] Vgl. Detzer, Kurt A.: Homo oeconomicus und homo faber, a.a.O., S. 103f. Zur Weiterführung dieser Gedanken bei Jeremy Bentham (1748 - 1832) und John Stuart Mill (1806 – 1873) vgl. u. a. Bievert, Bernd und Martin Held (Hrsg.): Das Menschenbild in der ökonomischen Theorie, a.a.O.

[92] Vgl. Matthiesen, Kai H.: Kritik des Menschenbildes in der Betriebswirtschaftslehre, a.a.O; Vgl. Schein, Edgar H.: Organizational Psychology, a.a.O.; Vgl. Etzioni, Amitai: Soziologie der Organisationen, 5. Aufl., München: Juventa 1978, S. 67; Vgl. Hesch, Gerhard: Das Menschenbild neuer Organisationsformen, a.a.O.

[93] Vgl. Smith, Adam: Der Wohlstand der Nationen. Eine Untersuchung seiner Natur und seiner Ursachen, 5. Aufl., München: DTV 1984, S. 9 ff; Vgl. Hesch, Gerhard: Das Menschenbild neuer Organisa-

es darum, Arbeitsabläufe und -methoden wissenschaftlich zu studieren, um sie zu rationalisieren und zu professionalisieren, so dass alle Bestandteile des Betriebes wie in einem Getriebe oder einer Maschine reibungslos ineinander greifen können.

Kritik am homo oeconomicus und einer damit verbundene Arbeitsorganisation wurde bereits mit der Entmoralisierung der Ökonomie im 18. Jahrhundert geäußert. Die Forderungen nach einer sozialeren Ökonomie korrespondierten dabei mit jenen zur Zeit der Industrialisierung formulierten Forderungen des Philosophen und Politischen Ökonomen Karl Marx und spiegelten sich in Bewegungen wie dem Industrial Betterment in der Wirtschaft wieder. Auch diese und folgende soziale Bewegungen in den 1920er und 1930er Jahren integrierten Kritik an der rationalen Arbeitsorganisation und postulierten ein anderes Menschenbild. Vor allem in der Human Relations Bewegung, der in den USA entstandenen Lehre von den menschlichen Beziehungen, wurden die „Wiederentdeckung" des Menschen als soziales und moralisches Wesen proklamiert und soziale Aspekte in der Unternehmensführung als wichtig erachtet. Insbesondere die von Elton Mayo durchgeführten Hawthorne-Experimente galten lange Zeit als Nachweis dafür, dass soziale Normen und nicht-finanzielle Anreize die Motivation und Zufriedenheit des Arbeiter beeinflussen und innerbetriebliche, zwischenmenschliche, emotionale Beziehungen über Gruppenarbeit und zwischenmenschliche Kommunikation gestaltet und verbessert werden müssen.[94] Das Unternehmen wurde in diesem Ansatz zu einer Art Familie, in der es keine Machtkämpfe zwischen den Mitgliedern gäbe.

Nahezu zeitgleich in Deutschland entstandene Ansätze wie jener der normativen Betriebswirtschaftslehre des Wirtschaftswissenschafters Heinrich Nicklisch, radikalisierten diese Auffassungen sowie auch frühere Lehren ungemein.[95] Auch sie begriffen Betriebe als Sozialgebilde, in denen das Zusammenwirken der Menschen auf einer ethisch-normativen Grundlage zu erfolgen

tionsformen, a.a.O., S. 68; Vgl. Matthiesen, Kai H.: Kritik des Menschenbildes in der Betriebswirtschaftslehre, a.a.O., S. 105ff.

[94] Zu den Hawthorne-Experimenten vgl. Roethlisberger, Fritz .J. und William J. Dickson: Management and the Worker, Cambridge, Mass.: Harvard University Press 1939; Etzioni, Amitai: Soziologie der Organisationen, a.a.O., S. 56ff; vgl. Hesch, Gerhard: Das Menschenbild neuer Organisationsformen, a.a.O., S. 85.

[95] Vgl. Nicklisch, Heinrich (Hrsg.): Der Weg aufwärts! Organisation. Versuch einer Grundlegung, 2. überarb. Aufl., Stuttgart: C.E. Poeschel Verlag 1922; Vgl. Nicklisch, Heinrich: Betrachtungen zu seinem 60. Geburtstage, in: Heinrich Nicklisch und sein Werk. Eine Aufsatzfolge. Als Festgabe zum 60. Geburtstage, Juli 1936, Stuttgart: Poeschel Verlag, S. 1-3.

hat. Dass der Einzelne in diesem Betrieb zu Pflichtgefühl und Gewissenhaftig-keit gegenüber der Gemeinschaft erzogen werden sollte führte jedoch zu der Schlussfolgerung,[96] Eigeninteressierte seine „Parasiten" und „ungesund", eine „Schädigung am Volkskörper". Der nationalsozialistischen Werthaltung Nicklischs entsprechend sollte sich die „Volksgemeinschaft" gegen „solche Elemene" wehren und befreien.[97] Diese Vorstellungen von der gemeinsamen Verantwortung aller Mitglieder im Unternehmen fanden in den Ideen der Werksgemeinschaften der 1920er Jahre, in radikalisierter Form dann jedoch den Betriebsgemeinschaften der 1930er Jahre ihren Niederschlag. Die nationalsozia-listische Betriebsgemeinschaft stellt jedoch insofern eine Sonderform dar, als dass Betriebe mit der Einführung des „Gesetzes zur Ordnung der nationalen Ar-beit" im Jahre 1934 als quasi-staatlichen Institution galten. Die Gemeinschaft selbst wird in dieser Phase als Teil eines größeren Ganzen, des Staates bzw. der Nation gesehen, weshalb die Übernahme sozialer Verantwortung hier bedeutete, nationale Pflichten wahrzunehmen.[98]

Nach einer kurzen Phase der Katerstimmung richtete sich auch Anfang der 1960er Jahre die Kritik wieder gegen den homo oeconomicus. Der Manage-menttheoretiker des Massachusetts Institute of Technology, Edgar H. Schein, stellte dem von ihm als rational-economic man bezeichneten Bild jenes des social man gegenüber.[99] Auch dieser ist ein ganz elementar auf die Gemein-schaft mit anderen hin ausgerichtetes Wesen, das nach Normen und Werten lebt, Gefühle hat und weniger sein eigenes Glück als das der Gemeinschaft ver-folgt. In der Folgezeit wurden insbesondere vor dem Hintergrund veränderter Wettbebwersbedingungen weitere Menschenbilder, wie der self-actualizing man und der complex man[100] und entsprechende Theorien zur Unternehmensführung entwickelt, wie die spekulative Persönlichkeitstheorie Theory Y des amerikani-

---

[96] Vgl. Krell, Gertraude: Vergemeinschaftende Personalpolitik: Normative Personallehren, Werksge-meinschaft, NS-Betriebsgemeinschaft, Betriebliche Partnerschaft, Japan, Unternehmenskultur, Mün-chen: Rainer Hampp Verlag 1994, S. 62ff.

[97] Nicklisch, Heinrich und R. Schweitzer: Betriebsethik, in: Das Buch des Kaufmanns, 7. Aufl., Bd.2, Stuttgart, S. 133-135, hier S. 134. zitiert nach Krell, Gertraude: Vergemeinschaftende Personalpolitik, a.a.O. S. 62f.

[98] Vgl. Krell, Gertraude: Vergemeinschaftende Personalpolitik, a.a.O., S. 122ff.

[99] Vgl. Schein, Edgar H.: Organizational Culture and Leadership, a.a.O. Eine Übersicht zu weiteren Men-schenbild-Theorien, die sich den vier Typen Scheins zuordnen lassen, findet sich in Matthiesen, Kai H.: Kritik des Menschenbildes in der Betriebswirtschaftslehre, a.a.O, S. 79.

[100] Vgl. Schein, Edgar H.: Organizational Culture and Leadership, 2. Aufl., San Francisco: Jossey-Bass Publishers 1992.

schen Managementtheoretikers McGregor[101] und die darauf aufbauende Theory Z William Ouchis.[102]

Die dargelegten Menschenbilder sind zwar auf Organisation bezogen, treffen jedoch stets auch Aussagen über den Menschen in der Gesellschaft allgemein und stehen mit den dortigen Protagonisten sowie allgemeinen Mentalitätsströmungen in unmittelbarer Beziehung. Entsprechend weisen auch die mit ihnen verbundenen Kulturvorstellungen über die Organisation hinaus auf Gesellschaftsbilder hin, die analog zu den beiden genannten Paradigmen als idealtypisch verstanden werden können. Diese Idealtypen hat als einer der ersten der deutsche Soziologe und Philosoph Ferdinand Tönnies in seinem Werk „Gemeinschaft und Gesellschaft" aus dem Jahre 1887 beschrieben.[103] Tönnies weist explizit darauf hin, dass soziale Beziehungen meist vergemeinschaftende und vergesellschaftende Elemente aufweisen.[104] Gemeinschaften kennzeichnen sich bei Tönnies durch ein organisches und dauerhaftes Zusammenleben der Menschen, das durch Blut (Verwandtschaft), Ort (Nachbarschaft) und schließlich Geist (Freundschaft) sowie Sitte, Glaube und Religion, vor allem aber über die Abgrenzung nach außen entsteht. Es gibt Schwächere, die von Stärkeren zu ihrem eigenen Wohle geleitet werden und, obwohl sie es vielleicht als Zwang und Druck empfinden, diesen für ihre Bevormundung nun Achtung und Ehrfurcht zollen.[105] Sie bejahen ihre Unterordnung, weil es einen einheitlichen Willen gibt, die Gesinnung bzw. den Wesenwillen. Dieser beruht auf einem Verständnis, dem consensus, der nur „organisch" entstehen, nicht aber vertraglich festgelegt oder verabredet werden kann und der für die Mitglieder der Gemeinschaft moralisch verpflichtend ist. Gemeinschaften verfügen aber nicht nur über einen gemeinsamen positiven Willen, sondern auch über einen negativen: „Gemeinsame Güter – gemeinsame Übel; gemeinsame Freunde – gemeinsame Feinde."[106] Als Gesellschaft bezeichnet Tönnies dagegen das Verhältnis der vertraglichen und ideellen Zusammenkunft der Menschen als freie und gleiche Subjek-

---

[101] Vgl. Hesch, Gerhard: Das Menschenbild neuer Organisationsformen, a.a.O., S. 92f.

[102] William G. Ouchi und Raymond L. Price: Hierarchies, Clans, and Theory Z: A New Perspective on Organization Development, in: Organizational Dynamics, Herbst 1978, S. 24-44.

[103] Tönnies, Ferdinand: Gemeinschaft und Gesellschaft. Grundbegriffe der reinen Soziologie, Darmstadt: Wissenschaftliche Buchgesellschaft 1969 [1887], S. XLII. Auch wenn es heute mit Tönnies Bevorzugung des Gemeinschaftskonzeptes in erster Linie als Wegbereiter der nationalsozialistischen Gemeinschaftsideologie verstanden wird, kann es doch vor allem als eine wissenschaftliche Beschreibung der beiden Positionen dienen.

[104] Vgl. Tönnies, Ferdinand: Gemeinschaft und Gesellschaft, S. 48f.

[105] Vgl. Tönnies, Ferdinand: Gemeinschaft und Gesellschaft, S. 11, S. 12.

[106] Ebd., S. 20.

te.[107] Die Willen der Individuen sind nicht, wie in der Gemeinschaft, aufgrund von Tradition und Sitte vorgegeben, sondern verabredeter bzw. konventioneller Wille, so genannter Kürwille. Da Konventionen ideell sind, d.h. als ob gesetzt, sind sie auch veränderbar. Ein solches gesellschaftliches Verhältnis ist nach Tönnies der Handel. Waren oder Leistungen werden hier über das Medium Geld und aufgrund rechtlicher Verpflichtung ausgetauscht.[108]

Die Gemeinschaftsidee findet sich auch in den moralischen bzw. quasireligiösen Erweckungsbewegungen wieder, wie sie sich zu Beginn des 20. Jahrhunderts in Deutschland und den USA beobachten lassen und die zugleich Grundlage der frühen Lehren über interne Organisationskommunikation darstellt. Sie lässt sich als Ursprung einer intellektuell-politischen Gegenbewegung zum Liberalismus verstehen, wie sie auch später insbesondere der Glaube an die gesellschaftliche Fragmentarisierung hervorrief: Der Kommunitarismus.[109] Vertreter des Kommunitarismus übten in den 1990er Jahren vor allem an dessen individualistischem Kredo Kritik und postulieren, dass man die Menschen an das erinnern müsste, was sie gemein haben. Ihr Ziel war es unter anderem, zur Manifestierung einer solchen Gemeinschaft auch wissenschaftlich aufzurufen.[110] Einer ihrer bedeutendsten Vertreter, der amerikanische Soziologe Amitai Etzioni, sieht Menschen als von Werten und Gefühlen geleitete Wesen, die Teil sozialer Kollektive sind und sich der Gemeinschaft unterordnen müssen.[111] Dieses Menschenbild legt er in seinem Buch „Jenseits des Egoismus-Prinzips" (1994) auch seinem Entwurf für kooperative Gesellschafts- und Unternehmensstrukturen und damit Organisationskulturen zugrunde.[112]

Damit sind zentrale Entwicklungslinien und Parameter jener organisationaler Menschenbilder rudimentär kartographiert, vor deren Hintergrund sich nun auch aktuellere Entwicklungen einordnen lassen.

---

[107] Vgl. ebd., S. 3, S. 34ff und S. 51f.

[108] Vgl. ebd., S. 3f., S. 46.

[109] Zur Diskussion über das Verhältnis von Gemeinschaft und Gesellschaft vgl. u.a. Reese-Schäfer, Walter: Grenzgötter der Moral. Der neue europäisch-amerikanische Diskurs zur politischen Ethik, Frankfurt am Main: Suhrkamp 1997; Weber, Verena: Tugendethik und Kommunitarismus. Individualität – Universalisierung – Moralische Dilemmata, Würzburg: Königshausen & Neumann 2002.

[110] Vgl. Hondrich, Karl Otto: Der Neue Mensch, a.a.O.

[111] Vgl. Etzioni, Amitai: The Moral Dimension. Towards a New Economics, New York 1990, S. 4ff, S. Ix, S. 8.

[112] Vgl. Hesch, Gerhard: Das Menschenbild neuer Organisationsformen, a.a.O., S. 155.

4 *Homo moralis* als Grundlage normativer Konzepte der Organisationskommunikation

4.1 *Moralisierung der Unternehmenskommunikation: Corporate Social Responsibility und Sozialmarketing*

Wie einleitend dargelegt lässt sich insbesondere in den letzten Jahren eine starke Veränderung der Kommunikation von Wirtschaftsorganisationen beobachten, die Ergebnis und zugleich auch Grundlage sozialer Wandlungsprozesse und eines öffentlich geführten Verantwortungsdiskurses zwischen Akteuren der Politik, Wirtschaft, Medien und Protestakteuren ist.[113] Insbesondere der Kapitalismus und damit verbundene liberale Praktiken des globalen Agierens, Werbens und Kommunizierens auf der einen, des Konsumierens auf der anderen Seite sind zunehmend in die Kritik geraten. Im Zentrum des Diskurses steht die Frage nach der Verantwortung von Unternehmen gegenüber der Gesellschaft und damit die nach dem Verhältnis von Wirtschaft und Politik. Forderungen von sich als nicht handlungsfähig erklärenden politischen Institutionen und moralisierenden Protestakteuren an Unternehmen, stärker zur Lösung sozialer Aufgaben beizutragen, steht hier eine Moralisierung von Märkten[114] und der Unternehmenskommunikation[115] gegenüber, wie sie sich insbesondere in Konzepten wie Corporate Social Responsibility (CSR) und Corporate Citizenship (CC) und einer allgemeinen Konjunktur des Unternehmenskulturkonzepts niederschlägt. Diese Konzepte entwickeln sich seit den 1970er Jahren im angloamerikanischen Sprachraum und haben sich von dort ausgehend in der europäischen Wirtschafts-, Wissenschafts- und Politiklandschaft im Wechselspiel verschiedener Akteure und aufgrund verschiedener Treiber mittlerweile stark institutionalisiert. Neben dem Wettbewerb zwischen Unternehmen, Institutionalisierungs- und Regulierungsbestrebungen von politischen Akteuren und einer allgemeinen, nicht zuletzt durch Beratungsinstitutionen vorangetriebenen Professionalisie-

---

[113] Vgl. Schultz, Friederike: Symbolische Praxen, Vgl. Schultz, Friederike: Corporate Social Responsibility als wirtschaftliches Evangelium. Kommunikationswissenschaftliche Betrachtung des normativen Konzeptes, in: Mario F. Ruckh, Christian Noll und Martin Bornholdt, Sozialmarketing als Stakeholder-Management. Grundlagen und Perspektiven für ein beziehungsorientiertes Management von Nonprofit-Organisationen, Bern, Switzerland: Haupt, S. 173-185.

[114] Stehr, Nico: Die Moralisierung der Märkte. Eine Gesellschaftstheorie, Frankfurt am Main: Suhrkamp, 2007.

[115] Vgl. Schultz, Friederike: Symbolische Praxen, a.a.O., Schultz, Friederike: Corporate Social Responsibility, a.a.O..

rung im Bereich Corporate Social Responsibility und Corporate Citizenship ist vor allem der öffentliche, moralisierende Druck auf Unternehmen ausschlaggebend für die CSR-Institutionalisierung, wie ihn NGOs und Protestakteure in zum Teil Aufsehen erregenden moralischen Kampagnen ausüben.[116]

Mit CSR stehen Unternehmen nun eine Reihe von Maßnahmen zur Verfügung, mit denen sie demonstrieren sollen, dass sie ihre Unternehmensstrategie nicht auf die Gewinnmaximierung reduzieren, sondern dem gesellschaftlich gewünschten Verhalten entsprechend „soziale Verantwortung" tragen (Verhaltenskodizes, Mission Statements, Unternehmensphilosophien, Sponsoring, Sozial-Marketing-Aktivitäten' Standards, Kodizes). Insbesondere Corporate Citizenship als über die eigentliche Geschäftstätigkeit hinausgehende Maßnahme (Spenden, Stiftungen, Sozialeinsatz von Mitarbeitern) hat dabei weitgehend symbolischen Charakter. Entsprechend der vielfältigen, den Verantwortungsdiskurs bestreitenden Akteure und deren zum Teil konfligierenden Interessen divergieren letztlich auch die Zielstellungen und Verständnisse von CSR. Während sie in klassisch wirtschaftswissenschaftlicher Lesart insbesondere der Verbesserung der Reputation, Befriedigung der Interessen verschiedener Stakeholder sowie der Steigerung der Motivation und Identifikation der Mitarbeiter dienen, weisen die Politikwissenschaft und die Wirtschaftsethik Unternehmen vor allem eine vollkommen neue Rolle in der Gesellschaft zu – die eines politischen Akteurs.[117] Diese Vorstellung findet sich unter anderem auch in der klassischen Wirtschaftsethik.

Darüber hinaus lässt sich ein regelrechter Moralisierungsschub in der Marketing- und Werbepraxis beobachten, der sich in Begriffen wie jenem des Sozialmarketing oder Social Marketing manifestiert. Internationale Beispiele für Sozialmarketing finden sich zahlreiche, von Kampagnen zu Gesundheitsreformen, für Umweltreformen, für Ausbildungsreformen bis hin zu ökonomischen Reformen.[118] Auf die soziale Orientierung abzielende Sozialkampagnen beabsichtigen dabei eine kontrollierte und geplante Verbreitung und Veränderung bestimmter gesellschaftlicher Interessen, Werte, Einstellungen, Verhaltensmuster, Leitbilder, politischer Ideen oder auch religiöser Inhalte. Grundlage dieser

---

[116] Schultz, Friederike und Stefan Wehmeier: Institutionalization of CSR within Corporate Communications. Combining institutional, sensemaking and communication perspectives, Corporate Communications: An International Journal, Jg. 15, Nr. 1, S. 9-29.

[117] Scherer, Andreas G., Guido Palazzo und Dorothée Baumann: Global Rules and Private Actors: Toward a New Role of the Transnational Corporation in Global Governace, Business Ethics Quarterly, Jg. 16, Nr. 4, 2006, S. 505-532.

[118] Kotler, Philip und Gerald Zaltman: Social Marketing: An Approach To Planned Social Change, Journal of Marketing, Nr. 35, 1971, S. 3-12.

Konzepte des CSR und Sozialmarketing und zugleich für neue Organisations-formen sind wiederum verschiedene Menschenbilder und deren Kriterien.

4.2 Die Rückkehr des sozialen Menschen in neuen Organisationsformen

Gemein ist allen Ansätzen die grundlegende Auffassung, dass sich das gängige Menschenbild der Wirtschaft – der homo oeconomicus – als unzureichend er-weist. Insbesondere die wirtschaftsethische Lesart betont die ethischen Defizite des ökonomischen Menschenbildes, welche den Menschen zu einem egoisti-schen und amoralisierten, zugleich unmündigen und passiven Wesen entwick-le.[119] Eigeninteresse wird, implizit mit Triebhaftigkeit assoziiert, für weitgehend unwürdig und unmoralisch erklärt. Der Vertreter der St. Galler Schule, Kai Matthiesen, beispielsweise siedelt Eigeninteresse am „Nullpunkt menschlicher Entwicklungsfähigkeit" an. Nicht das Individuum, sondern nur die Gemein-schaft ist gut, denn erst sie kann aus dem Menschen ein rationales, diskursfähi-ges und moralisches Wesen machen.[120]

Dieses passive Menschenbildes führt nun wiederum zur Suche nach ei-nem neuen, normativen Menschenbild, das beschreibt, wie der Mensch sein soll und insbesondere sein soziales Wesen re-aktualisiert: Als Unternehmer und Manager soll er sich gegenüber einer größeren Gemeinschaft verpflichtet fühlen und als Konsument vorwiegend Kaufentscheidungen im Sinne der Gesellschaft treffen. Referenzpunkt dieser Moral und Gemeinschaft ist in der ökonomischen Lesart von CSR zwar auch das Unternehmen, in Bezug auf Corporate Citizenship und insbesondere in der ethischen Lesart jedoch die Gesellschaft als Ganze. Der Mensch wird hier normativ vor allem zum politischen Akteur, der „gesellschafts- und ordnungspolitische Mitverantwortung" übernimmt[121] und bereit ist, für die Gemeinschaft Opfer zu erbringen.[122] Aspekte wie das Verant-wortungs-, Zusammengehörigkeits- und Teamgefühl sowie die Identifizierung mit der Gruppe und Organisation über gemeinsame Werte werden hier wieder stärker in den Vordergrund gerückt.[123] Das Menschenbild neuer Organisations-

---

[119] Vgl. Sumantra Goshal: BadManagement Theories are destroying Good Manamgenet Practices, in: Academy of Management Learning & Education, Jg. 4, Nr. 1, 2005, S. 75-91.

[120] Vgl. Matthiesen, Kai H.: Kritik des Menschenbildes in der Betriebswirtschaftslehre, a.a.O.

[121] Vgl. Ulrich, Peter: Unternehmensethik – integrativ gedacht. Was ethische Orientierung in einem „zivi-lisierten" Wirtschaftsleben bedeutet, in: Berichte des Instituts für Wirtschaftsethik, Nr. 102, St. Gallen 2004, S. 15.

[122] Vgl. Ulrich, Peter: Wirtschaftsethik, a.a.O., S. 124.

[123] Vgl. Hesch, Gerhard: Das Menschenbild neuer Organisationsformen, a.a.O., S. 126 und S. 148.

formen, wie es zeitgleich und unabhängig vom CSR-Diskurs auch Hesch beschrieb, soll nicht mehr durch Gehorsam, Egoismus, Individualität, Konkurrenz, Abhängigkeit, Anpassung, Kontrolle und Rationalität gekennzeichnet sein, sondern einen „ganzen Menschen" beschreiben, der über Kreativität und soziale Kompetenz, d.h. emotionale, kommunikative und moralische Qualitäten (Ehre, Gerechtigkeit, Treue und Mut) verfügt.

Zur Realisierung des neuen Menschentyps und der damit verbundenen Organisationsformen auf organisationaler und gesellschaftlicher Ebene wird in den CSR- und Wirtschaftsethik-Ansätzen oftmals eine Umerziehung des Menschen durch einen „ethischen Führer" vorgeschlagen der selbst eine moralische und integere Person sein müsse[124], um die Werte glaubhaft kommunizieren zu können, und sich als „Diener", „Hüter" und „Trainer" der Werte im Unternehmen verstehen. Zum anderen benötigt er entsprechende Kommunikations- und Konfliktlösungsfähigkeiten, um konfligierende Werte und Interessen ausbalancieren und eine inklusive Integritätskultur mit geteilten Bedeutungssystemen entwickeln zu können. Anhand der bisherigen Beobachtungen und Ausführungen lässt sich vermuten, dass hier die Vorstellung von symbolischen Kommunikation reaktualisiert wird: Zur Herstellung von Integration, Vertrauen und einer intensiveren Bindung von Mitarbeitern und Teams und organisationalem Wandel plädieren Autoren angesichts ihrer Kritiken am liberalen Wirtschaftssystem für das Vorleben von „Leitbildern" durch vorbildliche, sich vertrauens- und glaubwürdig verhaltende Manager, und die „Darstellung und Umsetzung" des ganzheitlichen Menschenbildes „in unternehmensinternen Dokumenten wie beispielsweise Unternehmensgrundsätzen, Unternehmensleitbildern oder allgemein verbindlichen Führungsrichtlinien"[125]. Harmonie, Einheit und Emotionalisierung sind zentral für eine Organisationsform, die Hesch als „Vertrauensorganisation" beschreibt und die auch im Rahmen von CSR- und Corporate Citizenship-Konzepten befürwortet wird.[126]

Nicht nur auf organisationaler, sondern auch auf gesellschaftlicher Ebene steht ein neues Menschenbild im Vordergrund, das den Menschen unter Schlagworten wie „green consumer", „conscience consumerism" und „ethical consumerism"[127] als moralischen, gesellschaftlichen und ökologischen Werten

---

[124] Vgl. Maak, Thomas und Nicola Pless: Responsible Leadership, New York: Routeledge 2006.

[125] Hesch, Gerhard: Das Menschenbild neuer Organisationsformen, a.a.O., S. 171.

[126] Vgl. Hesch, Gerhard: Das Menschenbild neuer Organisationsformen, a.a.O., S. 169.

[127] Vgl. Smith, N. Craig: Consumers as drivers of corporate social responsibility, in: Andrew Crane, Abagail McWilliams, Dirk Matten, Jeremy Moon und Donald S. Siegel (Hrsg.): The Oxford Handbook of Corporate Social Responsibility, Oxford: Oxford University Press 2008, S. 281-302, hier S. 283.

entsprechend agierendes Leitbild (Moralkonsument) skizziert. Eine entsprechende Bewusstseinsveränderung hin zum Idealtyp des Moralkonsumenten soll auch in den Sozialmarketingansätzen durch einen moralischen Appell realisiert werden. Von der Vorstellung geleitet, die Ziele der Veränderung trügen zu den höchsten Interessen der Individuen und der Gesellschaft als Ganzer bei, soll die kommunizierende Organisation, hier in Funktion eines „Change Agents", das Verhalten und die Psyche der Geführten auf gesellschaftlicher Ebene manipulieren und beeinflussen.

Konjunktur erleben die betrachteten wissenschaftlichen Diskursen über Organisationen und entsprechende Menschenbilder wiederum vor dem Hintergrund gesellschaftlicher Diskurse, in denen vermehrt kapitalismuskritische oder auch kulturpessimistische Mentalitätsströmungen Ausdruck finden. Die mit dem liberalen Wirtschaftssystem verbundene Kultur wird hier als kommerzialisiert und medial determiniert verstanden. Die Kritik richtet sich dabei gegen Konsum, Werbung und Unterhaltung, in der Annahme, dass davon eine allmächtige, Ent-Demokratisierung fördernde Wirkung ausgeht.[128] Derartige Vorstellungen werden auch in der Wissenschaft aufgegriffen und hier zum Ausgangspunkt wissenschaftlicher Theoriebildung. So schreibt der Wirtschaftsethiker Peter Ulrich über „Konsumismus" als Kennzeichen eines moralisch schlechten Lebens:

„Konsum macht uns […] selbst wiederum viel „Konsumarbeit" […] er versagt uns ab einer gewissen Menge das Erleben und Erproben unserer humanen Fähigkeiten in aktivem Tätigsein; er macht uns passiv und enttäuscht uns daher auf die Länge. […] Nur maßvoll genossen kann er daher wirklich zum guten Leben beitragen.".[129]

Dem bisherigen Überblick folgend lässt sich die Vermutung aufstellen, dass der Mensch in den beoabchteten Diskursen als normales Mitglied einer Organisation und als Konsument wieder zum beeinflussbaren, unmündigen und unmoralischen Wesen mutiert, das sich ganz der Spaßgesellschaft oder dem Konsumterror hingibt oder jeglicher ethischen Ausrichtung seines Handelns entsagt.[130] Für

---

[128] vgl. auch die behandelten Theorien in: Crane, Andrew und Dirk Matten: Business Ethics. A European Perspective, Managing corporate citizenship and sustainability in the age of globalization, Oxford: Oxford University Press 2004.

[129] Ulrich, Peter: Wirtschaftsethik, a.a.O., S. S. 66f.

[130] Vgl. Lamla, Jörg: Varianten konsumzentrierter Kritik: Wie sollen Verbraucher an der Institutionalisierung einer ökologisch und sozial verantwortungsvollen Wirtschaft mitwirken? in: Holger Backhaus-Maul, Christiane Biedermann, Stefan Nährlich und Judith Polterauer (Hrsg.), Corporate Citizenship in Deutschland. Bilanz und Perspektiven, Wiesbaden: VS Verlag 2008, S. 201-218.

die organisationalen und gesellschaftlichen Missstände wird vor allem dem eigeninteressierten Akteur die Schuld in die Schuhe geschoben. Dieses Menschenbild habe, so die Annahme, eine sehr zentrale und zudem wirkungsvolle
Leitbildfunktion in der Gesellschaft übernommen und als Gegenstand ökonomischer Theorien eine konditionierende und die gültige Ordnung erschütternde
Wirkung entfaltet.[131] Dies lässt weiter den Schluss zu, dass sich hier in neuem
Gewand die klassische Vorstellung vom Menschen als Massenwesens ankün-
digt: Der jeglicher Steuerung und fester Moral entsagende Individualist, der mit
seinem Verhalten normative Regulationsmechanismen provoziert und das Erscheinen seines zwingend notwendigen Bändigers – des ethischen Führers – auf
den Plan ruft. Auf diese Missstände wird mit der romantischen Suche nach einem wahren und authentischeren Leben, dem Ruf nach gesellschaftlichen, verantwortungsvollen Eliten oder einem neuen Menschenbild als Leitbild in der
Gesellschaft reagiert – dem homo moralis.[132]

Obgleich das pessimistische Menschenbild als Grundlage des normativen den Menschen auch als denkfähiger als einst das Massenwesen skizziert
wird – die Diskurse scheinen doch viele Parallelen aufzuweisen: Auch das neue
Menschenbild wird hier nicht zweckfrei, sondern als zielführendes Instrumentarium zur Realisierung eines organisationalen und gesellschaftlichen Wandels
eingeführt. Implizit wird der Mensch darin als Konformist skizziert, der zum
Guten nun nicht manipuliert, sondern dem emanzipatorischen Duktus entsprechend erzogen werden kann, darf und sollte. Ein vollwertiger, moralischer und
mündiger Mensch ist er, wenn er sich den weitgehend im Vorfeld bestimmten
Normen der Gemeinschaft anpasst. Dem Menschen werden so feste Charaktereigenschaften zugeschrieben, die einen weiterführenden Diskurs über den Menschen unterbinden oder in rückhaltlose Zugeständnisse münden sollen. Der
Versuch, soziale Prozesse über moralische Kommunikation und den Rekurs auf
die Gemeinschaft (Organisation, Nation) zu steuern, liegt dabei vor allem in
Unsicherheitsperzeptionen begründet, wie sie der soziale Wandel maßgeblich
mit initiiert.

---

[131] Vgl. Matthiesen, Kai H.: Kritik des Menschenbildes in der Betriebswirtschaftslehre, a.a O., S. 103.
[132] Vgl. Schultz, Friederike: Corporate Social Responsibility, a.a.O.

5 Funktionen, Implikationen und Folgen

Vor dem Hintergrund des symbol-konstruktivistischen Menschenbildes wurde deutlich, dass Menschenbilder subjekt-abhängige Konstruktionen vom Menschen darstellen, die von Beobachtern erschaffen werden und sich zwangsläufig als beobachterabhängig und somit reduktionistisch erweisen. Zielstellung des Beitrags war es daher auch nicht, Menschenbilder als Beschreibungen vom Menschen hinsichtlich ihrer Passgenauigkeit zu untersuchen, sondern sie als Protagonisten in den Selbstbeschreibungen von Gesellschaften hinsichtlich der mit ihnen verbundenen Wirklichkeitskonstruktionen und Konsequenzen zu analysieren. Ausgangspunkt war dabei die Beobachtung, dass insbesondere normative Menschenbilder derzeit wieder Konjunktur in organisationalen und wissenschaftlichen Kommunikationen erleben und mit starker Vehemenz ins Spiel gebracht werden, um das Menschenbild des eigeninteressierten Akteurs auf der einen, des irrationalen und unmündigen auf der anderem aus dem Spielfeld zu vertreiben – und damit implizit festzuschreiben.

Dieser neue, moralische Charakter, wie er insbesondere in aktuellen Theorien und Konzepten der Organisationskommunikation zum Ausdruck kommt, scheint primär funktionaler Art zu sein: Er soll als normatives Menschenbild der Aufrechterhaltung und Pflege der Gemeinschaft auf organisationaler oder gesellschaftlicher Ebene dienen. In diesem Zusammenhang wird ein Verständnis von Organisation als sozialem Gebilde postuliert, mit dem, deren Zielstellungen und übergeordneten gesellschaftlichen Zielen sich die Mitarbeiter aufgrund ihrer sozio-moralischen Grundhaltung identifizieren. Im weitgehend pessimistischen und moralisierten Bild vom Menschen deuteten sich Parallelen zu jenem früheren vom egoistischen Wesen an, dem jeglicher „Gemeinschaftsgeist" („Verantwortungsgefühl") fehle. Der Rekurs auf das Menschenbild und sein Opponent, das normative Menschenbild, ist als Form der moralischen Kommunikation zu verstehen, die nun Hinweise auf Achtung und Missachtung des Menschen vor dem Hintergrund verbindlich eingeführter Wirklichkeitsbilder mitführt. Achtung und Missachtung beziehen sich dabei nicht auf einzelne Charaktereigenschaften des Menschen, sondern auf die Person als ganze und symbolisieren deren Zugehörigkeit oder Nichtzugehörigkeit zur Gesellschaft.[133]

Einmal mehr werden hierin die Paradoxien deutlich, die bereits in Bezug auf normative Menschenbilder beobachtet werden konnten: Die Annahmen,

---

[133] Zu moralischer Kommunikation vgl. im Folgenden Schultz, Friederike: Symbolische Praxen, a.a.O.; vgl. Luhmann, Niklas: Gesellschaftsstruktur und Semantik, Bd. 3, Studien zur Wissenssoziologie der modernen Gesellschaft, 2. Aufl., Frankfurt am Main: Suhrkamp 1998, S. 365.

über Menschenbilder organisationale Prozesse steuern zu können, reduzieren zwar Komplexität und sind insofern schnell handlungsleitend und – legitimierend. Sie erweisen sich jedoch als ausgesprochen fragwürdig. Zum einen, weil hier einfache Vorstellungen von Kommunikation zugrunde liegen. Aus kommunikationswissenschaftlicher Sicht lassen sich Bedeutungen von Symbolen nicht determinieren. Rekurse auf die Menschenbilder stellen selbst symbolische Kommunikationen dar, die von den tatsächlichen Handlungen entkoppelt sein können. Dies zeigen insbesondere ernüchternde Studien über den geringen Umfang von Moralkonsum, der zu der hohen Popularität des Themas in gesellschaftlichen Diskursen deutlich in Widerspruch steht.[134] Wirklichkeitskonstruktionen, Einstellungen und Probleme lassen sich über Moral zudem nicht ohne weiteres verändern, sondern lediglich kommunikativ verschleiern.

Auch können derartige Menschenbilder letztlich nicht problemlösend, sondern lediglich invisibilisierend funktionieren: In der Konstruktion eines idealen Menschenbildes wird dem Rezipienten ein anderes Bild von ihm vorgesetzt, das er selbst nicht ist und das auch seinen Handlungshorizont überschreitet. Indem es zugleich symbolisiert, wie wenig der Mensch selbst in seiner Art, seinen Befindlichkeiten, seinen Wünschen, Bedürfnissen und Intentionen anerkannt oder geachtet wird, lässt sich für die Verwendung normativer Menschenbilder in der Kommunikation formulieren, was für moralisierende Kommunikation allgemein gilt[135]:

Während moralische Kommunikation Diskurse über die enthaltene Reduktion von Komplexität am Laufen hält und Anschlusskommunikation ermöglicht, führt vor allem moralisierende Kommunikation zum Abbruch von Kommunikation. Sie unterbricht, indem sie den Betroffenen die Bedingungen der symbolischen Reintegration in die Kommunikationsgemeinschaft signalisiert, den Diskurs und die Aushandlung von Wirklichkeit und macht Kommunikation zum Teil unbeantwortbar. Moralisierte Menschenbilder, wie die Vorstellung vom unmündigen oder ihm gegenüberstehenden Moralkonsumenten, dienen eben dieser Grenzziehung: Sie richten sich nicht an die Menschen, die sie beschreiben, sondern an jene „Integrierte", die über die Beschriebenen urteilen.

Zwar ermöglichen sie partiell Anschlusskommunikation, da Widersprüche, Komplexität und Kontingenzen in moralischer Kommunikation

---

[134] Vgl. Smith, Craig: Consumers, a.a.O..

[135] Vgl. zur Definition von moralischer und moralisierender Kommunikation sowie deren Wirkungen i.F. Schultz, Friederike: Symbolische Praxen, a.a.O., vgl. auch Luhmann, Niklas: Öffentliche Meinung, in: Wolfgang R. Langenbucher (Hrsg.), Politik und Kommunikation. Über die öffentliche Meinungsbildung, München/Zürich 1979, S. 29-61, hier S. 35.

invisibilisiert werden. Jedoch können sie, wie eingangs dargelegt, in ausdifferenzierten Gesellschaften die gewünschte Exklusion kaum mehr prozessieren. Der Rekurs auf normative Menschenbilder ist insofern vor allem als eine Art Verzweiflungsgeste in Bezug auf eine sich Steuerungsversuchen gegenüber weitgehend resistent erweisende Wirklichkeit zu verstehen. Strukturelle Probleme werden darin verschoben und Kommunikationen von Handlungen weitgehend entkoppelt, um beispielsweise auf öffentliche Kritik zu reagieren. Tabuisierung führen, so lässt sich weiter vermuten, zur Verstärkung von Wirklichkeitsvorstellungen und täuschen zum anderen über Differenzen hinweg, was weitere Annäherungen verhindert. Polare Konstruktionen über den Menschen übernehmen daher vor allem die Funktion von Erlösern und Sündenböcken. Entsprechend wird der Ruf nach dem neuen Menschen insbesondere in Zeiten des Strukturwandels, der Krise und der Orientierungsunsicherheit besonders laut wird. Der neue Mensch muss dabei dafür herhalten, dass man die Gesellschaft, mit der man lebt, zugleich will und nicht will.[136] Noch polemischer formuliert dies insbesondere Kupffer in Bezug auf Menschenbilder:

> „Stimmt etwas mit der Gesellschaft nicht, so stimmt etwas mit dem Menschen nicht. Schlechte politische Praxis erscheint als Ausfluß eines unzureichenden Menschenbildes [...]. Einmal herrscht die Tendenz, Einzelfragen durch bewussten Hinweis auf ein Menschenbild zu überhöhen und damit de facto nur im Sinne einer „Endlösung" als lösbar erscheinen zu lassen; zum anderen hören wir pädagogische Aussagen, die scheinbar eine pragmatische Problemlösung anbieten, in Wirklichkeit aber ein anderes Menschenbild ins Spiel bringen."[137]

Aus der Erkenntnis, dass Moral Ergebnis kommunikativer Konstruktionen ist, und gut und böse folglich sozial ausgehandelt und nicht ontologisch vorgegeben sind, lässt sich schließlich weiter schlussfolgern, dass sich die Gesellschaft durch die Veränderung des Menschen nicht selbst verändern muss.[138] Gut und böse würde es in einer Gesellschaft idealer Menschen aufgrund der höheren Sensibilität für Brüche mit den Idealen ebenso geben. Obwohl der Rekurs auf

---

[136] In Anlehnung an Luhmann, Niklas: Gesellschaftsstruktur und Semantik, S. 443f.; Vgl. Luhmann, Niklas: Paradigm lost: Über die ethische Refelxion der Moral. Rede anläßlich der Verleihung des Hegel-Preises 1989, 2. Aufl., Frankfurt am Main: Suhrkamp 1991, S. 24.

[137] Vgl. Kupffer, Heinrich: Der Faschismus und das Menschenbild der deutschen Pädagogik, Fischer: Frankfurt am Main Suhrkamp 1984, S. 13.

[138] Vgl. Hondrich, Karl Otto: Der Neue Mensch, a.a.O., S. 166f.

Menschenbilder somit vielmehr einer Selbstbeschreibung und zur Herstellung von Anschlusshandlungen dient, werden insbesondere normative Menschenbilder schnell zu akzeptierten Protagonisten in gesellschaftlichen Erzählungen, die hier möglicherweise jedoch kontraproduktive Wirkungen im Sinne einer „Selffullfilling-Prophecy" entfalten. Nicht nur wird mittels moralisierender Kommunikation eine Realität beschrieben, wie sie eigentlich sein sollte, sondern zugleich eine „Ist"-Realität festgeschrieben, die in der Vorstellung zwangsläufig defizitär bleibt. Verweigerungshandeln der Missachteten kann dabei als Bestätigung der entworfenen Konstruktionen interpretiert werden.

Über Konsequenzen kann hier nur spekuliert werden, eine umfangreichere Analyse wäre jedoch notwendig: Wo die Kluft zwischen dem idealen Versprechen und der erlebten Wirklichkeit wächst, wo Konsenszwang obliegt und der Glaube an die absolute Wahrheit das Handeln leitet, ist eine verstärkte Entkopplung zwischen der Wirklichkeitsbeschreibungen und Handlungen anzunehmen. Die Sprache wird, wie der Ethnologe Dürr argumentiert, „immer besser, und zwar in dem Maße, wie die Realität sich verschlechtert. [...] Fühlt man sich politisch ohnmächtig, werden die Bilder von der Wirklichkeit und die Worte, die sie beschreiben, immer wichtiger."[139] Nach Watzlawick führt „Die Idee, im Besitze der endgültigen Wahrheit zu sein, [...] zunächst zu einer messianischen Haltung, die sich an den Glauben klammert, die Wahrheit werde sich qua Wahrheit von selbst durchsetzen. An diesem Punkte glaubt der Verfechter einer Ideologie vielleicht noch an die Belehrbarkeit oder die Möglichkeit der Überzeugung des Häretikers." Erweist sich die Welt aber als verstockt, unwillig oder unfähig, sich der Wahrheit zu öffnen, ermächtigt sich der Handelnde selbst, denn in „ihrem ureigensten Interesse müssen der Welt die Augen geöffnet werden."[140] Wer eine andere Wirklichkeitsdefinition hat, läuft also Gefahr, gegen die Regeln zu verstoßen, „unmoralisch", ein „Ketzer" oder geistig abnormal zu sein. Ist er zur Ächtung freigegeben, verliert das Recht für ihn schnell seine Gültigkeit. Vor solch einem Hintergrund wird auch die Anwendung von Machtmitteln moralisch legitimiert.

Derartige dysfunktionale Effekte zeigten sich in starker Radikalität insbesondere an Vorstellungen vom „neuen Menschen" früherer Utopien (Sozialismus, Nationalismus, Nationalsozialismus), die von der Idee lebten, den neuen Menschen über eine neue Gesellschaft politisch zu erschaffen und nach

---

[139] Dürr, Hans Peter: Ein Lügengespinst, in: Der Spiegel, Nr. 28., 1994, S. 162.

[140] Watzlawick, Paul. Bausteine ideologischer „Wirklichkeiten", in: Ders. (Hrsg.), Die erfundene Wirklichkeit, 15. Aufl., München: Piper 2002, S. 192-228, hier S. 204f.

Hondrich weitgehend gegenteilige Konsequenzen nach sich zogen[141]: „Grandiose Visionen einer guten Gesellschaft, die das 19. Jahrhundert hervorgebracht hat, sind im 20. Jahrhundert grandios gescheitert. [..] Nationalismus, Sozialismus und deren Missgeburt, Nationalsozialismus, galten als Grundkonzepte einer guten Ordnung - und endeten in Vernichtung und Chaos. [...] Zu einseitig orientierte sich das Gute an Gemeinschaft und Gleichheit – auf Kosten konkurrierender Werte wie Freiheit und Toleranz. Zu sehr nahm man die eigenen Vorstellungen vom Guten für allgemein gültige. Zu sehr war man sich des Guten gewiß. Und zu entschieden versuchte man es durchzusetzen – die Gegenseite als Feind vernichten wollend statt sie in Gegenseitigkeit zu respektieren."[142] Auch nach Kupffer, der sich Extremformen normativer Menschenbilder widmet, zeigt sich in der Einführung neuer Menschenbilder daher „[...] totalitäres Denken. [...] Wenn irgendein Missstand in der Welt auftaucht, soll sich nach öffentlichen Absichtserklärungen immer sogleich das Ganze ändern." Als Ausgangspunkt der Krise gilt oftmals, „dass man den Menschen bisher unter falscher Perspektive betrachtet und deswegen unnötige oder unbrauchbare Eigenschaften in ihm gefördert habe."[143]

6   Menschenbilder in der Organisationskommunikation: Zusammenfassung und Ausblick

Die Suche nach dem „neuen Menschen" und die Artikulation von (normativen) Menschenbildern ist gerade in unsteten Zeiten beliebtes Mittel zum Zweck, aus einem Chaos wieder einen Kosmos zu machen, gesellschaftliche Prozesse am Laufen zu halten und zu gestalten. Deutlich wurde, dass im Kontext organisationaler Kommunikation Menschenbilder vielfach als heuristisches und Führungsinstrumentarium oder Leitbild eingesetzt werden, um Komplexität und Kontingenzen ausblenden, Unsicherheit zu absorbieren und Prozesse entscheid- und steuerbar zu machen. Menschenbilder sind, indem sie als Distinktionsinstrument eingeführt werden, somit vor allem Ausdruck der Suche nach Identität und gesellschaftlicher Wandlungsprozesse. Vorstellungen vom Menschen oszillieren dabei vielfach zwischen einem rationalen und normativen bzw. sozialen Pol, zwischen deterministischen und interaktionistischen Auffassungen.

---

[141] Vgl. Hondrich, Karl Otto: Der Neue Mensch, a.a.O., S. 7.
[142] Vgl. Hondrich, Karl Otto: Der Neue Mensch, a.a.O., S. 14.
[143] Kupffer, Heinrich: Der Faschismus, a.a.O., S. 15.

Insbesondere in aktuellen Konstruktionen vom Menschen, wie sie beispielsweise in Konzepten der Corporate Social Responsibility als implizite Grundannahmen zum Tragen kommen und sich auf gesellschaftlicher Ebene entfalten, deuten sich Parallelen zu früheren, als moralisierte Vorstellungen vom Menschen eingeführten, dualistischen Menschenbilder an. Auch sie sind offensichtlich mit der Idee des sozialen, auf die Gemeinschaft bezogenen Menschen verbunden und reaktualisieren möglicherweise die Dichotomie von Masse und Führer, von Geführtem und Gefolgten aufgrund der zugrunde liegenden Paradoxien partiell.

Im Rahmen weiterer Forschung ist der Vermutung nachzugehen, dass dem Rückgriff auf normative Menschenbilder der Versuch zugrunde liegt, soziale Prozesse über moralische Kommunikation und den Rekurs auf die Gemeinschaft (Organisation, Nation) zu ermöglichen, zu steuern und zu begründen. In wie weit und unter welchen Bedingungen werden aufgrund des Abbruches von Kommunikation mit der Moralisierung von Wirklichkeitskonstruktionen und damit verbundenen Versuchen, den Menschen auf bestimmte Eigenschaften festzuschreiben, Probleme eher verschleiert und Aushandlungen alternativer Wirklichkeitsvorstellung eher verhindert als ermöglicht? Als zielführendes Instrumentarium zur Realisierung eines organisationalen und gesellschaftlichen Wandels eingeführt wird der Mensch vielfach als Konformist skizziert, dem feste Charaktereigenschaften zugeschrieben werden können, was wiederum weiterführende Diskurs über den Menschen unterbinden oder in rückhaltlose Zugeständnisse münden muss, aufgrund der zugrunde liegenden Paradoxien jedoch ein Auseinanderfallen oder eine Polarisierung von Wirklichkeitskonstruktionen nach sich ziehen könnte.

Weiterführende Forschungen über Menschenbilder können hier ansetzen und den bisher exemplarischen Charakter der Analysen überwinden. Die Frage nach den Wirkungen moralisierter Vorstellungen vom Menschen, nach dem Abbruch von Kommunikation sowie den Funktionen der Menschenbilder sind im Kontext der organisationalen Kommunikation bislang weitgehend unterbelichtet und auch im vorliegenden Beitrag nur angerissen worden. Erhellend können hier insbesondere umfassendere Studien sein, welche die im Zusammenspiel von wissenschaftlicher Theoriebildung, gesellschaftlichen Diskursen und wirtschaftlichen Praxen entwickelten Konstruktionen vergleichend und hinsichtlich ihrer Wechselwirkungen analysieren. Vor allem historische Analysen der Verwendung von normativen Menschenbildern können Aussagen über deren Institutionalisierung und Konsequenzen geben und damit ebenso Wandlungsprozesse in der Gesellschaft erfassen.

Bibliographie

Achterholt, Gertrud: Corporate Identity. In zehn Arbeitsschritten die eigene Identität finden und umsetzen, 2. überarb. Aufl., Wiesbaden: Gabler 1991.

Adorno, Theodor W.: Kann das Publikum wollen?, in: Anne Rose Katz (Hrsg.), Vierzehn Mutmaßungen über das Fernsehen, München: dtv 1963, S. 55-60.

Allport, Gordon W.: Die Natur des Vorurteils, Köln: Kiepenheuer & Witsch 1971.

Anders, Günther: Die Antiquiertheit des Menschen, Bd. 1: Über die Seele im Zeitalter der zweiten industriellen Revolution (Orig. 1956), Bd. 2: Über die Zerstörung des Lebens im Zeitalter der dritten industriellen Revolution (Orig. 1980), (= Beck'sche Reihe 319 und 320), München: C.H. Beck 1988.

Anz, Thomas: Das Spiel ist aus? Zur Konjunktur und Verabschiedung des "postmodernen" Spielbegriffs, in: Henk Harbåers (Hrsg.), Postmoderne Literatur on deutscher Sprache: Eine Ästhetik des Widerstands? (=Amsterdamer Beiträge zur neueren Germanistik, Bd. 49 - 2000), Amsterdam (Atlanta, G.A.) 2000, S. 15-34.

Arendt, Hannah: Elemente und Ursprünge totaler Herrschaft. Antisemitismus, Imperialismus, totale Herrschaft, München-Zürich: Piper 1986 (Orig. The Origins of Totalitarianism, New York 1951).

Baader, Meike Sophie: Menschenformung durch religiöse Erneuerung. Reformpädagogik um 1900, in: Manfred Hettling und Michael G. Müller (Hrsg.), Menschenformung in religiösen Kontexten. Visionen von der Veränderbarkeit des Menschen vom Mittelalter bis zur Gegenwart, Göttingen: V&R unipress 2007, S. 113-132.

Bader, Wolfgang: Neues Menschenbild für die Ökonomie. Interdisziplinäre Fundierung neuer Menschenbilder aus ökonomischer Sicht (= Schriftenreihe Wirtschafts- und Sozialwissenschaften, Bd. 24), Ludwigsburg und Berlin: Verlag Wissenschaft & Praxis 1994.

Baecker, Jochen; Michael Boeg-Laufs; Lothar Duda und Ellen Mathies: Sozialer Konstruktivismus – eine neue Perspektive in der Psychologie, in: Siegfried J. Schmidt (Hrsg.), Kognition und Gesellschaft. Der Diskurs des Radikalen Konstruktivismus, Bd. 2, Frankfurt am Main: Suhrkamp 1992, S. 116-145.

Bainville, Jaques: Geschichte zweier Völker. Frankreichs Lampf gegen die deutsche Einheit, Hamburg: Hanseatische Verlagsanstalt 1939/40 (Original: Histoire de deux peuples), Paris 1915.

Barsch, Achim und Peter M. Hejl: Zur Verweltlichung und Pluralisierung des Menschenbildes im 19. Jahrhundert: Einleitung, in: Achim Barsch und Peter M. Hejl (Hrsg.), Menschenbilder: Zur Pluralisierung der Vorstellung von der menschlichen Natur (1850 – 1914), Frankfurt am Main: Suhrkamp 2000, S. 7-90.

Barthes, Roland: Mythen des Alltags. Frankfurt am Main: Suhrkamp 1971.

Baudrillard, Jean: Der symbolische Tausch und der Tod, München: Matthes & Seitz 1982.

Bentele, Günter: Inszenierung als Kulturtechnik. Warum die moderne Gesellschaft ihre Spin Doctos braucht, in: Vorgänge. Zeitschrift für Bürgerrechte und Gesellschaftspolitik, 41. Jg., Nr. 2, 2002, S. 55-58.

Biedenkopf, Kurt: Bericht des Generalsekretärs, in: CDU (Hrsg.), 22. Bundesparteitag der Christlich Demokratischen Union Deutschlands. Niederschrift, Hamburg 18. 20. November 1973.

Bievert, Bernd und Martin Held (Hrsg.): Das Menschenbild in der ökonomischen Theorie. Zur Natur des Menschen, Frankfurt am Main und New York: Campus 1991.

Bittner, Jochen: Blackbox Weißes Haus. Je komplizierter die Weltlage, desto fester glauben die Deutschen an Verschwörungstheorien, in: Die Zeit, Nr. 31, 2003.

Blum, Paul Richard: Online-Lexikon 2004, Bibliographisches Institut & F. A. Brockhaus AG.

Blumer, Herbert: Der methodologische Standort des Symbolischen Interaktionismus, in: Arbeitsgruppe Bielefelder Soziologen (Hrsg.), Alltagswissen, Interaktion und gesellschaftliche Wirklichkeit. Symbolischer Interaktionismus und Ethnomethodologie, Bd.1, Hamburg 1973, S. 80-146.

Bochumer Arbeitsgruppe für Sozialen Konstruktivismus und Wirklichkeitsprüfung: Zur Kulturphysiognomik von Romantik, Moderne und Postmoderne, Arbeitspapier Nr. 11, 1. Fassung: Dezember 1993, PDF-Version: März 2000, http://www.boag-online.de.

Bochumer Arbeitsgruppe für Sozialen Konstruktivismus und Wirklichkeitsprüfung: Was von der Postmoderne übrig blieb, Zeitgemäße Betrachtungen,

Arbeitspapier Nr. 14, 1. Fassung: August 2003, Internet: http://www.boag-online.de.

Bolz, Norbert: Wirklichkeit ohne Gewähr, in: Der Spiegel, Nr. 26, 2000.

Bourdieu, Pierre: Die feinen Unterschiede. Kritik der gesellschaftlichen Urteilskraft, Frankfurt am Main: Suhrkamp 1987 (franz. Original 1979).

Brand, Horst W.: Die Legende von den geheimen Verführern, Stuttgart: Beltz 1978.

Brand, Horst W.: Unterschwellige Werbung. Neun Thesen, hrsg. vom Zentralverband der deutschen Werbewirtschaft ZAW e.V., 1988.

Brawand, Leo: Die Spiegel-Story. Wie alles anfing, Düsseldorf, Wien und New York: Econ 1987, S. 131-132.

Brosius, Hans-Bernd und Dirk Engel: The Causes of Third-Person Effects: Unrealistic optimism, impersonal impact, or generalized negative attitude towards media influence?, in: International Journal of Public Opinion Research, Jg. 8., Nr. 2, S. 142-162.

Bruner, Jerome: Life as Narrative, Social Research, Jg. 54, Nr. 1, 1987, S. 11-32.

Bruner, Jerome: Sinn, Kultur und Ich-Identität. Zur Kulturpsychologie des Sinns, Heidelberg: Auer 1997.

Bücher, Karl: Die Grundlagen des Zeitungswesens, in: Ders., Gesammelte Aufsätze zur Zeitungskunde, Tübingen: Mohr 1926, S. 1-64.

Burkart, Roland: Die Wahrheit über die Verständigung. Replik, in: Public Relations Forum, Jg. 6, Nr. 2, 2000, S. 96-99.

Burkart, Roland: On Jurgen Habermas and Public Relations, Public Relations Review, Nr. 33, 2007, S. 249-254.

Bussemer, Thymian: Propaganda. Konzepte und Theorien, Wiesbaden: VS Verlag 2005.

Bussemer, Thymian: Propaganda: Konzepte und Theorien, Wiesbaden: VS Verlag 2005.

Campanella, Tommaso, Sonnenstaat, in: Der utopische Staat. Übersetzt und hrsg. v. Klaus J. Heinisch, Reinbek bei Hamburg: Rowohlt 1960, S. 112169.

Cancel, Amanda E., Glen T. Cameron, Lynne M. Sallot and Michael A. Mitrook: It depends: a contingency theory of accommodation in public relations, Journal of Public Relations Research, Jg. 9, Nr. 1, 1997, S. 31-63.

Carey , James W.: The Communications Revolution and the Professional Communicator, in: Paul Halmos, The Sociology of Mass Media Com-

municators. The Sociological Review: Monograph, Nr. 13, Keele 1969,
S. 29 (Übers. B.R.).

Cassirer, Ernst: Philosophie der Symbolischen Formen, Erster Teil: Die Sprache, Darmstadt: Wissenschaftliche Buchgesellschaft 1953.

Cassirer, Ernst: Philosophie der Symbolischen Formen, Zweiter Teil: Das mythische Denken, 2. Aufl., Darmstadt: Wissenschaftliche Buchgesellschaft 1973.

Cassirer, Ernst: Versuch über den Menschen. Einführung in die Philosophie der
Kultur, Philosophische Bibliothek, Bd. 488, Hamburg: Felix Meiner
Verlag 2007.

Crane, Andrew und Dirk Matten (2004): Business Ethics. A European Perspective, Managing corporate citizenship and sustainability in the age of
globalization, Oxford: Oxford University Press.

Dahrendorf, Ralf: Homo Sociologicus. Ein Versuch zur Geschichte, Bedeutung
und Kritik der Kategorie der sozialen Rolle, 7. Aufl., Köln und Opladen:
Westdeutscher Verlag 1968.

Detzer, Kurt A.: Homo oeconomicus und homo faber – dominierende Leitbilder oder Menschenbilder in Wirtschaft und Technik? in: Rolf Oerter
(Hrsg.), Menschenbilder in der modernen Gesellschaft. Konzeptionen
des Menschen in Wissenschaft, Bildung, Kunst, Wirtschaft und Politik,
Stuttgart 1999, S. 99-115.

Doelker, Christian: Menschenbilder in den Medien. Ikonen der Postmoderne?,
in: Medien praktisch, Nr. 4, 1996.

Domizlaff, Hans: Die Gewinnung des öffentlichen Vertrauens. Ein Lehrbuch
der Markentechnik, 2. Aufl., Hamburg: Hans Dulk Verlag, 1951, S. 310.
[Origialausg. 1939].

Domizlaff, Hans: Propagandamittel der Staatsidee, als Ms. gedr, Leipzig: Poeschel & Trepte, 1932.

Domizlaff, Hans: Typische Denkfehler der Reklamekritik. Die Kunst erfolgrei-
cher Werbung, in: Ders., Die Gewinnung des öffentlichen Vertrauens.
Ein Lehrbuch der Markentechnik, Hamburg: Marketing Journal 1992,
S. 325-528.

Donsbach, Wolfgang und Robert L. Stevenson: Herausforderungen, Probleme
und empirische Evidenzen der Theorie der Schweigespirale. in: Publizistik, Jg. 31., 1986, S. 7-34.

Dotzler, Bernhard: „Simulation - simulation - simulation", Verstärker, Jg.1, Nr.
1, 1996, http://www.culture.huberlin.de/verstaerker/vs003/index.html.

Dovifat, Emil: Die publizistische Persönlichkeit. Charakter, Begabung, Schicksal, International Communication Gazette, Nr. 2, 1956.

Dovifat, Emil: Handbuch der Publizistik. Band 1: Allgemeine Publizistik, Berlin: Walter De Gryter & Co 1968.

Droege, Franz W.: Publizistik und Vorurteil, Münster: Verlag Regensberg 1967.

Dürr, Hans Peter: Ein Lügengespinst, in: Der Spiegel, Nr. 28., 1994, S. 162.

Endruweit, Günter: Soziologische Menschenbilder, in: Ders. (Hrsg.), Menschenbilder in der modernen Gesellschaft. Konzeptionen des Menschen in Wissenschaft, Bildung, Kunst, Wirtschaft und Politik, Stuttgart: Ferdinand Enke Verlag 1999, S. 5-21.

Enzensberger, Hans Magnus: Baukasten zu einer Theorie der Medien, in: Kursbuch. hrsg. von Hans Magnus Enzensberger, Bd. 20, Frankfurt am Main: Suhrkamp 1970, S. 159-186.

Erd, Rainer: Kulturgesellschaft oder Kulturindustrie?, in: Rainer Erd, Dietrich Hoß, Otto Jacobi und Peter Noller, Kritische Theorie und Kultur, Frankfurt am Main: Suhrkamp 1989, S. 217-235.

Etzioni, Amitai: Auf dem Weg zu einer globalen Wertegemeinschaft, WZB-Vorlesung 2. Juni 2003, Berlin 2003.

Etzioni, Amitai: Die Verantwortungsgesellschaft. Individualismus und Moral in der heutigen Demokratie, Frankfurt am Main und New York 1997, S. 9-12.

Etzioni, Amitai: Soziologie der Organisationen, 5. Aufl., München: Juventa 1978.

Etzioni, Amitai: The Moral Dimension. Towards a New Economics, New York 1990.

Feyerabend, Paul: Wider den Methodenzwang, Frankfurt am Main: Suhrkamp 1975.

Feyerabend, Paul: Wissenschaft als Kunst, Frankfurt am Main: Suhrkamp 1984.

Friedrichs, Jürgen: Methoden empirischer Sozialforschung, Reinbek bei Hamburg: Rowohlt 1973.

Frindte, Wolfgang: Soziale Konstruktionen. Sozialpsychologische Vorlesungen, Opladen: Westdeutscher Verlag 1998.

Gehlen, Arnold: Anthropologische Forschung, Bd. 138, Reinbek bei Hamburg: Rowohlt Taschenbuch Verlag 1961.

Girnth, Helko: Sprache und Sprachverwendung in der Politik Eine Einführung in die linguistische Analyse öffentlichpolitischer Kommunikation. Germanistische Arbeitshefte, Nr. 39, Tübingen 2002.

Girtler, Roland: Die feinen Leute, Linz und Frankfurt am Main: Campus Verlag
1989.

Goshal, Sumantra: Bad Management Theories are destroying Good Manamgenet Practices, in: Academy of Management Learning & Education,
Jg. 4, Nr. 1, 2005, S. 75-91.

Gries, Rainer, Volker Ilgen und Dirk Schindelbeck: Ins Gehirn der Masse krie-
chen.Werbung und Mentalitätsgeschichte, Darmstadt: Wissenschaftliche
Buchgesellschaft 1995.

Grunig, James E. und James White: The effect of worldviews on public relations theory and practice, in: James E. Grunig, Excellence in Public Relations and Communication Management, Hillsdale, NJ: Lawrence Erlbaum 1992, S. 31-64.

Grunig, James E. und Todd T. Hunt: Managing Public Relations, Fort Worth,
TX: Holt, Rinehart and Winston 1986.

Grunig, James E., Larissa Grunig und David M. Dozier: Das situative Modell
exzellenter Public Relations, in: Günter Bentele, Horst Steinmann und
Ansgar Zerfaß (Hrsg.), Dialogorientierte Unternehmenskommunikation.
Grundlagen – Praxis – Erfahrungen – Perspektiven, Berlin, S. 199-229.

Habermas, Jürgen: Theorie des kommunikativen Handelns, Bd. 1 und 2,
Frankfurt am Main: Suhrkamp 1981.

Hachmeister, Lutz: Theoretische Publizistik. Studien zur Geschichte der Kommunikationswissenschaft in Deutschland, Berlin: Volker Spiess Verlag
1987

Hagemann, Walter: Publizistik im Dritten Reich. Ein Beitrag zur Methodik der
Massenführung, Hamburg. Hansischer Gildenverlag 1948.

Hall, Stuart: Kodieren/Dekodieren, in: Roger Bromley, Udo Göttlich und Carsten Winter (Hrsg.), Cultural Studies. Grundlagentexte zur Einführung,
Lüneburg 1999, S. 92-112.

Hallenberger, Gerd und Hans-Friedrich Foltin: Unterhaltung durch Spiel. Quiz-
Sendungen und Game Shows des deutschen Fernsehens, Berlin: Volker
Spiess Verlag 1990.

Hayes, Peter: The People and the Mob. The Ideology of civil conflict in modern
Europe, Westport u.a.: Praeger 1992.

Hejl, Peter M.: Konstruktion der sozialen Konstruktion. Grundlinien einer
konstruktivistischen Sozialtheorie, in: Siegfried J. Schmidt (Hrsg.), Der
Diskurs des Radikalen Konstruktivismus, 8. Aufl., Frankfurt am Main:
Suhrkamp 2000, S. 303-339.

Hesch, Gerhard: Das Menschenbild neuer Organisationsformen. Mitarbeiter und Manager im Unternehmen der Zukunft, hg. von Arnold Picot und Ralf Reichwald, Wiesbaden 1997.

Hettling, Manfred und Michael G. Müller (Hrsg.): Menschenformung in religiösen Kontexten. Visionen von der Veränderbarkeit des Menschen vom Mittelalter bis zur Gegenwart, Göttingen: V&R unipress 2007.

Hickmann, Christoph: Der Meister der Mitte, in: Der Spiegel, Nr. 48, 2009, S. 30-31.

Hinchman, Lewis P. und Sandra K. Hichman (Hrsg.): Memory, Identity, Community. The Idea of Narrative in the Human Sciences, New York: State University of New York Press 1997.

Hofstede, Geert: Kultur und Organisation, in: Erwin Grochla (Hrsg.), Handwörterbuch der Organisation, Bd. 2, 2. Aufl., Stuttgart 1980, S. 1168-1182.

Hondrich, Karl O.: Der Neue Mensch, Frankfurt am Main: Suhrkamp 2001.

Huizinga, Johan: Homo Ludens. Vom Ursprung der Kultur im Spiel, Reinbek bei Hamburg: Rowohlt 1987 (zuerst 1938).

Humboldt, Wilhelm von: Gesammelte Schriften, hrsg. von der Königlich Preussischen Akademie der Wissenschaften, Berlin: Behr 1903-1936, Bd. 6.

Hume, David: Ein Traktat über die menschliche Natur. 2 Bde., hg. von Reinhard Brandt, Hamburg 1989.

Hume, David: Eine Untersuchung über die Prinzipien der Moral, hrsg. von Gerhard Streminger, 2. Aufl., Stuttgart 1996

Hundhausen, Carl: Werbung um öffentliches Vertrauen. Public Relations. 1. Bd., Essen: Verlag W. Girardet 1951.

Jablin, Fredric M. & Linda L. Putnam (Hrsg.): The new handbook of organizational communication: Advances in theory, research, and methods, CA: Thousands oaks 2001.

Janich, Peter: Menschen können Rad fahren, nicht aber Hirne, in: Frankfurter Allgemine Zeitung, Nr. 138, 16. Juni 2008, Neue Sachbücher. Rezension zu: Wolf Singer, Matthieu Ricard: „Hirnforschung und Meditation". Ein Dialog. Aus dem Englischen von Susanne Warmuth und Wolf Singer, Frankfurt am Main: Suhrkamp, edition unseld 2008.

Johann Valentin Andreae: Christianopolis. Aus dem Lateinischen übersetzt, kommentiert und mit einem Nachwort hrsg. v. Wolfgang Biesterfeld, Stuttgart: Reclam 1975 (Original: 1619).

Kant, Immanuel: Kritik der reinen Vernunft, in: Theoretische Philosophie. Texte und Kommentar, Bd 1, hrsg. von Georg Mohr, Tübingen 2004.

Kant, Immanuel: Prolegomena zu einer jeden künftigen Metaphysik, die als Wissenschaft wird auftreten können, hrsg. von Konstantin Pollok, Hamburg 2001.

Kant's gesammelte Schriften, hrsg. von der königl. Preuß. Akademie der Wissenschaften, Bd. VIII: Abhandlungen nach 1781, Berlin, Druck und Verlag von Georg Reimer, 1912.

Kast, Bas: Gier ist ganz gewöhnlich. Der Fall Bsirske bestätigt, was Forscher wissen: Der Mensch ist gefangen im Verlangen, in: Der Tagesspiegel, Nr. 19 (2008).

Katz, Elihu: Mass Communication Research and the Study of Popular Culture, in: Studies in Public Communication, hrsg. vom Committee on Communication of the University of Chicago, Jg. 2, 1959.

Keller, Ingrid: Das CI-Dilemma. Abschied von falschen Illusionen, Gabler: Wiesbaden 1990.

Kittler, Friedrich: Grammophon. Film. Typewriter, Berlin: Brinkmann & Bose 1986.

Kluge, Friedrich: Etymologisches Wörterbuch der deutschen Sprache, Berlin: De Gruyter 1999.

Kotler, Philip und Gerald Zaltman: Social Marketing: An Approach To Planned Social Change, Journal of Marketing, Nr. 35, 1971,S. 3-12.

Kracauer, Siegfried: Für eine qualitative Inhaltsanalyse, in: Ästhetik und Kommunikation. Beiträge zur politischen Erziehung, Jg. 3., Nr. 7, März 1972, S. 53-58 (Original: The Challenge of Qualitative Content Analysis, in: Public Opinion Quarterly, Jg. 16, Nr. 4 (Winter 1952/53), S. 631-642.

Kramer, Jürgen: British Cultural Studies, München 1997.

Krell, Gertraude: Vergemeinschaftende Personalpolitik: Normative Personallehren, Werksgemeinschaft, NS-Betriebsgemeinschaft, Betriebliche Partnerschaft, Japan, Unternehmenskultur, München: Rainer Hampp Verlag 1994.

Krois, John Michael: Der Begriff des Mythos bei Ernst Cassirer, in: Hans Poser (Hrsg.), Philosophie und Mythos. Ein Kolloquium, Berlin und New York 1979, S. 199-217.

Krotz, Friedrich: Gesellschaftliches Subjekt und kommunikative Identität. Zum Menschenbild der cultural studies, in: Andreas Hepp und Rainer Winter (Hrsg.): Kultur - Medien - Macht. Cultural Studies und Medienanalyse, Opladen: Westdeutscher Verlag 1997, S. 117-126.

Kuhn, Fritz: "Begriffe Besetzen". Anmerkungen zu einer Metapher aus der Welt der Machbarkeit, in: Liedtke, Frank, Marting Wengeler und Karin

Böke (Hrsg.), Begriffe Besetzen. Strategien des Sprachgebrauchs in der Politik, Opladen: Westdeutscher Verlag 1991.

Kupffer, Heinrich: Der Faschismus und das Menschenbild der deutschen Pädagogik, Frankfurt am Main: Fischer 1984.

Kutsch, Arnulf (Hrsg.): Zeitungswissenschaftler im Dritten Reich. Sieben biographische Studien, Köln 1984.

Lamla, Jörg: Varianten konsumzentrierter Kritik: Wie sollen Verbraucher an der Institutionalisierung einer ökologisch und sozial verantwortungsvollen Wirtschaft mitwirken? in: Holger Backhaus-Maul,Christiane Biedermann, Stefan Nährlich und Judith Polterauer (Hrsg.), Corporate Citizenship in Deutschland. Bilanz und Perspektiven, VS Verlag: Wiesbaden 2008, S. 201-218.

Langenbucher, Wolfgang R. und Walter A. Mahle: Unterhaltung als Beruf? Herkunft, Vorbildung, Berufsweg und Selbstverständnis einer Berufsgruppe (= AfK-Studien 1), Berlin: Spiess 1974.

Lau, Jörg: Abschied von der Panikmache. Die Angst der Deutschen ist legendär. Sie kollidiert mit der Notwendigkeit, innovativ zu sein. Deshalb fordern Politiker mehr Mut zum Risiko, in: Die Zeit, Nr. 21, 2004, Rubrik "Wissen", S. 35-36.

Lazarsfeld, Paul F., Bernard Berelson und Hazel Gaudet: The People´s Choice. How the voter makes up his mind in a presidential campaign, New York: Duell, Sloan and Pearce 1944 (deutsche Ausg. Wahlen und Wähler. Soziologie des Wahlverhaltend, Neuwied u.a.: Luchterhand 1969).

Le Bon, Gustave: Psychologie der Massen, Stuttgart: Alfred Kröner Verlag 1895.

Lenk, Kurt: Menschenbilder in der Politik, in: Rolf Oerter (Hrsg.), Menschenbilder in der modernen Gesellschaft, Stuttgart 1999, S. 94-98.

Lippmann, Walter: Die öffentliche Meinung, München 1964 (Original engl. 1922. Public Opinion, New York).

Löblich, Maria: Das Menschenbild in der Kommunikationswissenschaft. Otto B. Roegele, (=Kommunikationsgeschichte, hrsg. von Walter Hömberg und Arnulf Kutsch, Bd 20), Münster: LITVerlag 2004.

Lütkehaus , Ludger: Wir haben genug. Wir brauchen nichts mehr, in: Die Zeit, Nr. 28, 2005, Feuilleton.

Luger, Kurt: Das Lebensstilkonzept in der Kommunikationsforschung, in: Medien Journal, Jg. 4., 1992, S. 194-198.

Luhmann, Niklas: Die Gesellschaft der Gesellschaft. Erster und zweiter Teilband, Frankfurt am Main: Suhrkamp 1997.

Luhmann, Niklas: Die Realität der Massenmedien, 2. erw. Auflage, Opladen: Westdeutscher Verlag 1996.

Luhmann, Niklas: Gesellschaftsstruktur und Semantik, Bd. 3, Studien zur Wissenssoziologie der modernen Gesellschaft, 2. Aufl., Frankfurt am Main: Suhrkamp 1998.

Luhmann, Niklas: Öffentliche Meinung, in: Wolfgang R. Langenbucher (Hrsg.), Politik und Kommunikation. Über die öffentliche Meinungsbildung, München und Zürich 1979, S. 29- 61.

Luhmann, Niklas: Paradigm lost: Über die ethische Refelxion der Moral. Rede anläßlich der Verleihung des Hegel-Preises 1989, 2. Aufl., Frankfurt am Main: Suhrkamp 1991.

Luhmann, Niklas: Soziale Systeme. Grundriß einer allgemeinen Theorie, Frankfurt am Main: Suhrkamp 1984.

Luther, Martin: An den christlichen Adel deutscher Nation. Von der Freiheit eines Christenmenschen. Sendbrief vom Dolmetschen, hrsg. von Ernst Kähler, Stuttgart: Reclam o.J [1962].

Maak, Thomas und Nicola Pless: Responsible Leadership, New York: Routeledge 2006.

Maaß, Frank und Reinhard Clemens: Corporate Citizenship. Das Unternehmen als „guter Bürger" – Kurzfassung, Institut für Mittelstandsforschung, Bonn 2002.

Maletzke, Gerhard.: Publizistikwissenschaft zwischen Geistes- und Sozialwissenschaften, Berlin: Spiess 1967.

Maletzke, Gerhard: Kulturverfall durch Fernsehen?, Berlin: Wissenschaftsverlag Volker Spiess 1988, S. 94-96.

Maletzke, Gerhard: Psychologie der Massenkommunikation. Theorie und Systematik, Hamburg: Verlag Hans-Bredow-Institut 1963.

Mangold, Ijoma, TITEL in der Süddeutschen Zeitung, 11. April 2003.

Manstetten, Rainer: Die Wirtschaft und das gute Leben. Praktischer Philosophie und Politische Ökonomie bei Adam Smith und seinen Nachfolgern, in: Dialektik: enzyklopädische Zeitschrift für Philosophie und Wissenschaften, Hamburg: Felix Meiner Verlag 1999, S. 43-62.

Mataja, Viktor: Die Reklame. Eine Untersuchung über Ankündigungswesen und Werbetätigkeit im Geschäftsleben, Leipzig: Duncker & Humblot 1910.

Matthiesen, Kai H.: Kritik des Menschenbildes in der Betriebswirtschaftslehre.

Auf dem Weg zu einer sozialökonomischen Betriebswirtschaftslehre, (= St. Galler Beiträge zur Wirtschaftsethik, Bd. 14), Bern, Stuttgart und Wien: Paul Haupt 1995.

Maturana, Humberto R. und Francisco Varela (Hrsg.): Der Baum der Erkenntnis. Die biologischen Wurzeln menschlichen Erkennens, 11. Aufl., Bern und München 1987.

Maturana, Humberto R.: Kognition, in: Siegfried J. Schmidt (Hrsg.), Der Diskurs des Radikalen Konstruktivismus, Frankfurt am Main: Suhrkamp 2000, S. 89-118.

Mayo, Elton: The Social Problems of Industrial Civilisation, Boston 1945.

McCombs, Maxwell und Dondald Shaw, The Agenda-Setting Function of Mass Media, in: Public Opinions Quarterly, Jg. 36., 1972, S. 176-187.

Merten, Klaus: Die Lüge vom Dialog. Ein verständigungsorientierter Versuch über semantische Hazards, in: Public Relations Forum, Nr. 6, 2000, S. 6-9.

Merton, Robert K.: Die Eigendynamik gesellschaftlicher Voraussagen, in: Ernst Topitsch (Hrsg.), Logik der Sozialwissenschaften, Berlin: Kiepenheuer & Witsch Köln 1965.

Merton, Robert K.: The self-fulfilling prophecy, Antioch Review, Nr. 8, 1948, S. 193-210.

Mohr, Martin: Zeitung und neue Zeit. Vorschläge und Forderungen zur wissenschaftlichen Lösung eines sozialen Grundproblems, München und Leipzig: Duncker & Humblot 1919.

Moon, Jeremy, Andrew Crane und Dirk Matten: Can Corporations be Citizens? Corporate Citizenship as a Metaphor for Business Participation in Society, Business Ethics Quarterly, Jg. 15, Nr. 3, 2004, S. 427-451.

Mumby, Dennis: Organizational Communication, in: G. Ritzer (Hrsg.), The Encyclopedia of Sociology, London 2006, S. 3290-3299.

Neuberger, Oswald: Spiele in Organisationen, Organisationen als Spiele, in: Küpper, Willi und Günther Ortmann (Hrsg.), Mikropolitik: Rationalität, Macht u. Spiele in Organisationen, Opladen: Westdeutscher Verlag 1988, S. 53-86.

Nicklisch, Heinrich (Hrsg.): Der Weg aufwärts! Organisation. Versuch einer Grundlegung, 2. überarb. Aufl., Stuttgart: C.E. Poeschel Verlag 1922.

Nicklisch, Heinrich und R. Schweitzer: Betriebsethik, in: Das Buch des Kaufmanns, 7. Aufl., Bd.2, Stuttgart, S. 133-135.

Nicklisch, Heinrich: Betrachtungen zu seinem 60. Geburtstage, in: Heinrich Nicklisch und sein Werk. Eine Aufsatzfolge. Als Festgabe zum 60. Geburtstage, Juli 1936, Stuttgart: Poeschel Verlag, S. 1-3.

Noelle-Neumann, Elisabeth: Die Schweigespirale. Öffentliche Meinung – unsere soziale Haut, München: Langen-Müller 1980.

Ochsenbauer, Christian und Bernhard Klofat. Überlegungen zur pragmatischen Dimension der aktuellen Unternehmenskulturdiskussion in der Betriebswirtschaftslehre, in: Edmund Heinen (Hrsg.), Unternehmenskultur. Perspektiven für Wissenschaft und Praxis, München und Wien 1987, S. 67-106.

Oerter, Rolf: Einleitung: Menschenbilder als sinnstiftende Konstruktionen und als geheime Agenten, in: Ders. (Hrsg.), Menschenbilder in der modernen Gesellschaft. Konzeptionen des Menschen in Wissenschaft, Bildung, Kunst, Wirtschaft und Politik, Stuttgart: Ferdinand Enke Verlag 1999.

Oerter, Rolf: Menschenbilder als sinnstiftende Konstruktion und als geheime Agenten, in: Ders. (Hrsg.), Menschenbilder in der modernen Gesellschaft, Stuttgart 1999, S. 1-4.

Olins, Wally: Corporate Identity. Strategie und Gestaltung, Frankfurt und New York: Campus Verlag 1990 (original 1989 in London: Thames and Hudson).

Orgega Y Gasset, José: Der Austand der Massen, Stuttgart/Berlin: Deutsche Verlags-Anstalt 1931.

Oßwald, Anke: Pawlows Hunde vor der Glotze – vom Manipulationsverdacht gegenüber den Medien / Sichtweisen auf Medienwirkung, UdK Berlin, Hausarbcit WS 2003/2004.

Panorama, Deutschland, Andas Vorwärtsverteidigung, Der Spiegel Nr. 27, 2003, S. 19.

Pearson, R.: A Theory of Public Relations Ethics, unpublished doctoral dissertation, Ohio University 1989.

Pross, Harry: Die meisten Nachrichten sind falsch. Für eine neue Kommunikationspolitik, Stuttgart u.a.: Kohlhammer 1971.

Pross, Harry: Politische Symbolik – Theorie und Praxis der öffentlichen Kommunikation, Stuttgart u.a. 1974.

Quasthoff, Uta: Zum Begriff und zur Funktion des Stereotyps. Versuch zur linguistischen Beschreibung und Analyse eines nicht sprachimmanenten Gegenstandes, Phil. Diss. FU Berlin 1972.

Reese-Schäfer, Walter: Grenzgötter der Moral. Der neue europäisch-amerikanische Diskurs zur politischen Ethik, Frankfurt am Main: Suhrkamp 1997

Riesman, David, Nathan Glazer und Reuel Denney: The lonely crowd: a study of the changing American character, New Havenm Conn.: Yale University Press 1950 (deutsche Ausgabe: Die einsame Masse, Reinbek: Rowohlt 1958).

Roethlisberger, Fritz .J. und William J. Dickson: Management and the Worker, Cambridge, Mass.: Harvard University Press 1939.

Rolke, Lothar: Die gesellschaftliche Kernfunktion von Public Relations – ein Beitrag zur kommunikationswissenschaftlichen Theoriediskussion, in: Publizistik, Nr. 44, S. 431-444, 1999.

Rollka, Bodo: Bertolt Brechts Radiotheorie, in: Rundfunk und Fernsehen, 19. Jg., Nr. 2, 1971, hrsg. vom Hans-Bredow-Institut an der Universität Hamburg, S. 145-154.

Rollka, Bodo: Das Preußenbild in der "kleinen" Presse Frankreichs 1870/71, in: Jahrbuch für die Geschichte Mittel- und Ostdeutschlands, Bd. 31, Berlin: Colloquium 1982, S. 129-154.

Rollka, Bodo: Menschenbilder als Grundlage werblicher Kommunikation, in: Monique Samuel-Scheyder und Phillippe Alexandre (Hrsg.), Pensée pédagogique. Enjeux, continuités et ruptures en Europe du XVIe au XXe siècle, Bern 1999, S. 385-402.

Rollka, Bodo: Menschenbilder, Medien, Mythen – Zum Verhältnis von Kommunikatoren und Rezipienten, unveröffentlichtes Manuskript, Berlin: Universität der Künste.

Rorty, Richard: Contingency, Irony and Solidarity, New York: Cambridge Unviersity Press 1989.

Roselius, Ludwig: Briefe und Schriften zu Deutschlands Erneuerung, Oldenbourg 1933.

Röttger, Ulrike: Public Relations - Organisation und Profession, Wiesbaden: Westdeutscher Verlag 2000.

Russel, Bertrand: Denker des Abendlandes. Eine Geschichte der Philosophie, Stuttgart und München 1991.

Saage, Richard: Politische Utopien der Neuzeit, Darmstadt: Wissenschaftliche Buchgesellschaft 1991.

Saxer, Ulrich: Public Relations als Innovation. Innovationstheorie als public-relations-wissenschaftlicher Ansatz, in: Media Perspektiven, Nr. 5, 1991, S. 273-290.

Schein, Edgar H.: Organizational Culture and Leadership, 2. Aufl., San Francisco: Jossey-Bass Publishers 1992.

Schein, Edgar H.: Organizational Psychology, 2. Aufl., New Jersey 1970.

Scherer, Andreas G. und Guido Palazzo: Globalization and Corporate Social Responsibility, in: Andrew Crane, Abagail McWilliams, Dirk Matten, Jeremy Moon und Dondald S. Siegel (Hrsg.), The Oxford Handbook of Corporate Social Responsibility, Oxford: Oxford University Press, 2008, S. 413-431.

Scherer, Andreas G., Guido Palazzo und Dorothée Baumann: Global Rules and Private Actors: Toward a New Role of the Transnational Corporation in Global Governace, Business Ethics Quarterly, Jg. 16, Nr. 4, 2006, S. 505-532.

Schiller, Friedrich: Über die ästhetische Erziehung des Menschen in einer Reihe von Briefen, 14. Brief, hrsg, von Klaus L. Berghahn, Stuttgart: Reclam 2000.

Schiller, Friedrich: Über die ästhetische Erziehung des Menschen, 26. Brief, 1795. Zit. nach Das Spiel, Bd. 2 Theorien des Spiels, hrsg. von Hans Scheuerl (Reihe Pädagogik), 11. überarb. und erg. Neuausg., Weinheim und Basel: Beltz Verlag 1991.

Schmidt, Siegfried J.: Medien, Kultur: Medienkultur, in: Ders. (Hrsg.), Kognition und Gesellschaft. Der Diskurs des Radikalen Konstruktivismus, Frankfurt am Main: Suhrkamp 1992, S. 425-450.

Schmidt, Siegfried J.: Unternehmenskultur. Die Grundlage für den wirtschaftlichen Erfolg von Unternehmen, 2. Aufl., Weilerswist 2005, S. 173.

Schmidt, Siegried J.: Wir verstehen uns doch, in: Funkkolleg Medien und Kommunikation, Studienbrief 1, hg. von ders., Weinheim: Beltz 1992, S. 50-78.

Schultz, Friederike und Stefan Wehmeier: Institutionalization of CSR within Corporate Communications. Combining institutional, sensemaking and communication perspectives, Corporate Communications: An International Journal, Jg. 15, Nr. 1, S. 9-29.

Schultz, Friederike: Corporate Social Responsibility als wirtschaftliches Evangelium. Kommunikationswissenschaftliche Betrachtung des normativen Konzeptes, in: Mario F. Ruckh, Christian Noll und Martin Bornholdt, Sozialmarketing als Stakeholder-Management. Grundlagen und Perspektiven für ein beziehungsorientiertes Management von Nonprofit-Organisationen, Bern, Switzerland: Paul Haupt Verlag, S. 173-185.

Schultz, Friederike: Symbolische Praxen in der Wirtschaftskommunikation. Menschenbilder, Kulturdefinitionen und moralische Kommunikation als Grundlage von Corporate Social Responsibility, Berlin: Diplomarbeit 2005.

Schulz von Thun, Friedemann: Miteinander reden, Reinbeck bei Hamburg: Rowohlt 1981.

Schwemmer, Oswald: Ernst Cassirer. Ein Philosoph der europäischen Moderne, Berlin 1997.

Shannon, Claude E. und Warren Weaver: The mathematical theory of communication. Urbana Illinois 1949.

Smith, Adam: Der Wohlstand der Nationen. Eine Untersuchung seiner Natur und seiner Ursachen, 5. Aufl., München: DTV 1984.

Smith, Adam: Theorie der ethischen Gefühle, hg. von Walther Eckstein, Hamburg: Meiner 1994.

Smith, N. Craig: Consumers as drivers of corporate social responsibility, in: Andrew Crane, Abagail McWilliams, Dirk Matten, Jeremy Moon, Donald S. Siegel (Hrsg.): The Oxford Handbook of Corporate Social Responsibility, Oxford: Oxford University Press 2008, S. 281-302.

Solomon, Robert C. und Kathleen M. Higgins (Hrsg.): Eine kurze Geschichte der Philosophie, München: Piper 2000.

Staehle, Wolfgang H.: Management – eine verhaltenswissenschaftliche Perspektive, 6. Aufl., München 1991.

Stapel, Wilhelm: Volksbürgerliche Erziehung, Hamburg/Berlin/Leipzig, 3. Aufl. 1928.

Stehr, Nico: Die Moralisierung der Märkte. Eine Gesellschaftstheorie, Frankfurt am Main: Suhrkamp, 2007.

Störig, Hans Joachim: Kleine Weltgeschichte der Philosophie, erw. Neuausgabe, Stuttgart: Kohlhammer 1999.

Taylor, James R; Andrew J. Flanagin; George Cheney und David R. Seibold: Organizational communication research: Key moments, central concerns, and future challenges, in: Communication Yearbook, Nr. 24, 2000, S. 99-137.

Theis-Berglmair, Anna Maria: Organisationskommunikation. Theoretische Grundlagen und empirische Forschungen, Münster/Hamburg/London: LIT Verlag 2003.

Thomas Morus, Utopia, in: Der utopische Staat. Übersetzt und hrsg. v. Klaus J. Heinisch, Reinbek bei Hamburg: Rowohlt 1960.

Tönnies, Ferdinand: Gemeinschaft und Gesellschaft. Grundbegriffe der reinen Soziologie, Darmstadt: Wissenschaftliche Buchgesellschaft 1969 [1887], S. XLII.

Toscani, Oliviero: Die Werbung ist ein lächelndes Aas (Originalausg. La Pub est une charogne qui nous sourit, Paris; Ed. Hoëbeke 1995), Mannheim: Bollmann 1996.

Ulrich, Peter: Symbolisches Management. Ethisch-kritische Anmerkungen zur gegenwärtigen Diskussion über Unternehmenskultur, in: Charles Lattmann (Hrsg.), Die Unternehmenskultur. Ihre Grundlagen und ihre Bedeutung für die Führung der Unternehmung, Heidelberg: Physica-Verlag 1990, S. 277-302.

Ulrich, Peter: Unternehmensethik – integrativ gedacht. Was ethische Orientierung in einem „zivilisierten" Wirtschaftsleben bedeutet, in: Berichte des Instituts für Wirtschaftsethik, Nr. 102, St. Gallen, S. 15, 2004.

Luhmann, Niklas: Öffentliche Meinung (1970), in: Wolfgang R. Langenbucher (Hrsg.), Politik und Kommunikation. Über die öffentliche Meinungsbildung, München u.a.: Piper 1979.

Vom Bruch, Rüdiger und Otto B. Roegele (Hrsg.): Von der Zeitungskunde zur Publizistik. Biographisch-institutionelle Stationen der deutschen Zeitungswissenschaft in der ersten Hälfte des 20. Jahrhunderts, Frankfurt am Main 1986.

Watzlawick, Paul. Bausteine ideologischer „Wirklichkeiten", in: Ders. (Hrsg.), Die erfundene Wirklichkeit, 15. Aufl., München: Piper 2002, S. 192-228.

Watzlawick, Paul: Anleitung zum Unglücklichsein, München: dtv 1993 (Original : Piper 1983).

Watzlawick, Paul; Janet H. Beavin und Don D. Jackson: Menschliche Kommunikation. Formen, Störungen, Paradoxien, 8. unv. Aufl., Bern u.a.: Verlag Hans Huber 1990 (zuerst in englisch 1967).

Weber, Verena: Tugendethik und Kommunitarismus. Individualität – Universalisierung – Moralische Dilemmata, Würzburg: Königshausen & Neumann 2002.

Wehmeier, Stefan: Communication Management, Organizational Communication and Public Relations. Developments and future directions from a German perspective, in: Ansgar Zerfaß, Betteke van Ruler und K.

Sriramesh (Hrsg.), Public Relations Research, Wiesbaden: VS-Verlag 2008, S. 172-184.

Wenzel, Harald: Die Abenteuer der Kommunikation. Echtzeitmassenmedien und der Handlungsraum der Hochmoderne, Weilerswist: Velbrück Wissenschaft 2001.

Werhan, Peter: Menschenbild, Gesellschaftsbild und Wissenschaftsbegriff in der neueren Betriebswirtschaftslehre, Bern: Haupt 1980.

Wernick, Andrew: Promotional Culture. Advertising, Ideology and Symbolic Expression, London u.a.: Sage Publications 1991.

Wilde, Oscar: Der Sozialismus und die Seele des Menschen. Aus dem Zuchthaus zu Reading. Ästhetisches Manifest 1891.

William G. Ouchi und Raymond L. Price: Hierarchies, Clans, and Theory Z: A New Perspective on Organization Development, in: Organizational Dynamics, Herbst 1978, S. 24-44.

Witzer, Brigitte: Kommunikation in Konzernen. Konstruktives Menschenbild als Basis neuer Kommunikationsstrukturen, Opladen: Westdeutscher Verlag 1992.

Woll, Helmut: Menschenbilder in der Ökonomie, München und Wien: Oldenbourg Verlag 1994.

Reihe Medien – Kultur – Kommunikation

Andreas Hepp

Cultural Studies und Medienanalyse

Eine Einführung
3., überarb. u. erw. Aufl. 2010. 321 S.
(Medien – Kultur – Kommunikation) Br.
EUR 29,95
ISBN 978-3-531-15543-2

Andreas Hepp / Cigdem Bozdag / Laura Suna

Mediale Migranten

Medienwandel und die kommunikative Vernetzung der Diaspora
2011. ca. 240 S. (Medien – Kultur – Kommunikation) Br. ca. EUR 29,95
ISBN 978-3-531-17314-6

Christine Linke

Medien im Alltag von Paaren

Eine Studie zur Mediatisierung der Kommunikation in Paarbeziehungen
2010. 208 S. (Medien – Kultur – Kommunikation) Br. EUR 34,95
ISBN 978-3-531-17364-1

Jo Reichertz

Die Macht der Worte und der Medien

3. Aufl. 2010. 333 S. (Medien – Kultur – Kommunikation) Br. EUR 29,95
ISBN 978-3-531-17242-2

Paddy Scannell

Medien und Kommunikation

2011. 400 S. (Medien – Kultur – Kommu-nikation) Br. ca. EUR 29,95
ISBN 978-3-531-16594-3

Martina Thiele / Tanja Thomas / Fabian Virchow (Hrsg.)

Medien – Krieg – Geschlecht

Affirmationen und Irritationen sozialer Ordnungen
2010. 363 S. (Medien – Kultur – Kommu-nikation) Br. EUR 34,95
ISBN 978-3-531-16730-5

Waldemar Vogelgesang

Jugend, Alltag und Kultur

Eine Forschungsbilanz
2011. ca. 400 S. (Medien – Kultur – Kommunikation) Br. ca. EUR 49,95
ISBN 978-3-531-14478-8

Erhältlich im Buchhandel oder beim Verlag.
Änderungen vorbehalten. Stand: Juli 2010.

www.vs-verlag.de

VS VERLAG

Abraham-Lincoln-Straße 46
65189 Wiesbaden
Tel. 0611.7878-722
Fax 0611.7878-400